中國學術思想 研究輯刊

四 編

林 慶 彰 主編

第 1 冊

《四 編》總 目

編 輯 部 編

《周易》元亨利貞四德說研究

方 中 士 著

花木蘭文化出版社

國家圖書館出版品預行編目資料

《周易》元亨利貞四德說研究／方中士 著 — 初版 — 台北縣永
和市：花木蘭文化出版社，2009〔民98〕

序2+ 目2+128 面；19×26 公分

（中國學術思想研究輯刊 四編：第1冊）

ISBN：978-986-6449-00-0（精裝）

1. 易經　2. 研究考訂

121.17　　　　　　　　　　　　　　　　98001805

ISBN - 978-986-6449-00-0

9 789866 449000

中國學術思想研究輯刊
四 編 第 一 冊　　　　　　ISBN：978-986-6449-00-0

《周易》元亨利貞四德說研究

作　　者　方中士
主　　編　林慶彰
總 編 輯　杜潔祥
出　　版　花木蘭文化出版社
發 行 所　花木蘭文化出版社
發 行 人　高小娟
聯絡地址　台北縣永和市中正路五九五號七樓之三
　　　　　電話：02-2923-1455／傳真：02-2923-1452
網　　址　http://www.huamulan.tw 信箱 sut81518@ms59.hinet.net
印　　刷　普羅文化出版廣告事業
封面設計　劉開工作室
初　　版　2009年3月
定　　價　四編28冊（精裝）新台幣46,000元

《四 編》總 目

編輯部 編

《中國學術思想研究輯刊》四編　書目

〔經學研究專輯〕

《中國學術思想研究輯刊》四編
各書作者簡介·提要·目錄

第一冊　《周易》元亨利貞四德說研究

作者簡介

　　方中士，1960 年出生，台灣屏東人。1984 年，輔仁大學中國文學系畢業；1987 年，高雄師範大學國文研究所畢業，撰寫碩士論文《周易元亨利貞四德說研究》。1987 年至 1989 年，任教屏東美合護理專科學校；1989 年迄今，任南台科技大學通識教育中心講師。2002 年獲教育部全國文藝創作獎散文獎佳作，2005 年獲教育部全國文藝創作獎首獎；2004、2006、2008 年，獲行政院文建會文薈獎散文獎佳作。

提　要

　　本論文題目「周易元亨利貞四德說研究」，由劉師文起先生指導完成。全文共約十萬字，分爲六章。旨在探究周易乾文言四德說對於易傳義理之意義、價值及其歷史淵源，並由檢討「元亨利貞」四字在周易經傳中之不同字義，而據以說明易學研究者之四德說之得失。

　　第一章緒論，敘述撰寫動機及立場、方法。

　　第二章「四德說之歷史淵源及成立根據」。以思想演進之觀點確定乾文言四德說乃承襲左傳穆姜引語，且是以改易數字及依文託義之方式，完成一天道性命相貫通之天丘合一哲學。並據此以論否定乾文言四德說意義。價值者之

－1－

誤。

　　第三章「四德說義理析論」，由四德說乃「以仁定元」而闡明四說乃一以
價值決定存有之本體宇宙論。並據此以言四德說於易傳實有開宗明義之價值，
能使易傳義理不被誤解爲客觀天道論。

　　第四章「周易經傳中之元亨利貞字義」，除綜合近人研究周易卦、爻詞中
元亨利貞字義之成果外，更進而說說明易傳中元亨利貞之字義。

　　第五章「重要易家四德說之檢討」，乃根據前二章之研究，敘述重要易家
四德說之得失。明以乾文言四德說訓解卦、爻辭元亨利貞之方法實誤。再者，
由義理言，以無解元及以客觀自然現象說四德者亦誤。

　　第六章「結論」，除綜述前文外，並言本論文之缺失。

目　次

第二冊　《周易》「變」的思想研究

作者簡介

　　趙中偉（1950－），男，浙江省東陽縣人。輔仁大學中國文學系學士、輔仁大學中國文學研究所碩士、博士。研究專長為兩漢道家思想、《易經》及論文寫作等。著作有《《周易》「變」的思想研究》、《易經圖書大觀》、《道者，萬物之宗——兩漢道家形上思維研究》、〈夫易，開務成物，冒天下之道——《周易》之「易」的本體詮釋轉化與發展〉、〈乾元用九，乃見天則——《周易》「天」

之思想的創造性詮釋〉、〈《周易》卦序詮釋意涵的轉化與發展——以今本《周易》、《帛書周易》及《戰國楚竹書周易》為例〉等。曾任記者、總編輯、講師、副教授、教授等，現任輔仁大學中國文學系教授兼系主任。

提　要

　　本文是一本剖析《周易》的形上辯證哲學，從形上辯證思維，來分析《周易》「變」的思想。就是以「太極」作為存有者的存有，以「變」為中介，作為萬物動態和變化的過程。並經由「變」的形式，包括變化、變通及變動，以天道、地道和人道為範疇，從宏觀及整體的角度，對於萬物的化生和變化，作一全體性、統一性及基礎性的探討。

　　全文共分七章：第一章為導論，包括整體概括、《周易》作者分析以及方法論的介紹等。第二章為「變」的意義，包括「變」的本義、「變」的總法則——太極以及「變」與「易」的關係等。第三章為「變」的形式，包括「變」與「化」的關係、「變」與「通」的關係、「變」與「動」的關係以及「變」與「常」的關係等。第四章為天道的「變」，包括有「變」的原素——健、「變」的形式：天地絪縕、陰陽合德、動靜有常，以及「變」的特點：普遍性、無限性、同一性、無形性、運動性、規律性等。第五章為地道的「變」，包括有「變」的原素——順、「變」的形式：剛柔相濟、厚德載物、類族辨物，以及「變」的特點：包容性、無限性、分類性等。第六章為人道的「變」，包括有「變」的原素——善、「變」的形式：體仁存義、中正日新、天人合一，以及「變」的特點：和諧性、完美性、智慧性等。第七章為結論。

　　本文主要突顯四項意義及價值：一是《周易》辯證思維的建立，以說明萬物化生的變化過程。二是建立主體及客體的相互聯繫，以達到天地萬物渾然一體的境界。三是兼顧同一性和差異性，以使萬物變化的狀態完全呈現。四是注重道德的實踐性，以完成人性的至善。

目　次

第三冊　《誠齋易傳》研究

作者簡介

　　簡世和，1979 年生，台灣省台南縣人，2002 年私立東海大學中國文學系取得學士學位畢業，2005 年 6 月畢業於國立中興大學中國文學系中國文學研究所，並於同年獲得碩士學位。

　　志趣在中國哲學、美學思想探討、易學及宋明理學曾多得於林文彬教授及劉錦賢教授指導，研究所時期曾發表過〈《易程傳》中君子觀之研究〉、〈王船山《莊子解·齊物論》思想初探〉等單篇學術思想論文以及辨析程、楊易傳思想而後所著的〈《誠齋易傳》研究〉。

　　近年來則多埋首於宋代義理派易學思想源流演變的相關研究。

提　要

　　本論文以楊萬里誠齋易傳的義理思想為主，分十章節作主題式探討。

　　第一章：不侷限以歷史觀立場來詮釋誠齋易學。

　　第二章：以儒家思想之承繼和道家思想之影響來提出誠齋與先秦思想的關係。

　　第三章：體例與特質介紹楊萬里以史解易與其他解易特色。

　　第四章：守正與存誠先以講君臣觀，後以「自誠成物」之成己成物工夫來解析誠齋內聖外王思想。

　　第五章到第八章主要介紹誠齋修身與處事的哲學，環環相扣。

第九章：宇宙與人生是以宇宙本體論與天人關係作探討。

第十章：結論闡明誠齋易學之特出處，另外主要也提挈出《誠齋易傳》與《易程傳》之主要差異處。

目　次

第四冊　吳澄之《易經》解釋與《易》學觀

作者簡介

　　楊自平，1970 年生，臺灣省彰化縣人，國立中央大學中國文學系博士，曾任國立中央大學中國文學系助理教授、專案助理教授、國立清華大學中國文學系兼任助理教授，現任國立中央大學中國文學系副教授。學術專書有《明代學術論集》（萬卷樓圖書公司，2008 年 2 月）、《吳澄《易經》解釋與《易》學觀》（中央大學中國文學系博論，2000 年）、《梨洲歷史性儒學之建立》（中央大學中國文學系碩論，1995 年）三部。此外，尚有十餘篇與《易》學相關之期刊論文，如：〈論林希元《易經存疑》的義理發揮與致用思想〉（《中國文哲研究集刊》，第 32 期，2008 年）、〈李光地之卦主理論及卦主釋《易》論析〉，（《漢學研究》第廿六卷第 1 期，2008 年）、〈從《日講易經解義》論康熙殿堂《易》學的特色〉（《臺大中文學報》第 28 期，2008 年）、〈從《易經蒙引》論蔡清疏解《周易本義》的作法及太極義理的轉折〉（中央大學《人文學報》32 期，2007 年）、〈王船山《周易內傳》解經作法析論〉（《鵝湖學誌》39 期，2007 年）、〈來知德《易》學特色——錯綜哲學〉（中央大學《人文學報》，第 27 期，2003 年）、〈《易經》「升降」與「反對」兩種卦變義例的考察〉（《中國文哲研究集刊》，第 17 期，2000 年）、〈吳澄《易纂言》之句讀判斷與訓詁方法〉（中央大學《人文學報》，第 18 期，2000 年）……等，以及數篇與《易》學相關之專書論文與研討會論文，尚有中國哲學、史學方面之期刊論文數篇。

提　要

　　吳澄《易》學深受朱子影響，強調「以經解經」的作法。《易纂言》採呂祖謙之觀點，將《易》經、傳分立，不採以傳解經的作法，以恰當相應地理解經文。此外，吳澄將經傳內容之錯簡、重出、闕漏處加以更訂，針對生難辭義作訓詁，在解經上亦以探求本義為指導原則。

　　吳澄釋《易》，實有方法意識，所關注者在於如何解決卦、爻辭不易解釋的難題，彼所提出的作法便是以義例釋經。首先，就朱子將卦、爻辭區分為象辭、占辭的作法，加以全面化；其次，於象辭、占辭中建立通例，即「象例」與「占例」，對象辭、占辭之來由提出解釋；對於卦、爻辭重出部分，則提出「辭例」，以解釋重出之原因。

　　吳澄《易》學兼重象數、義理，然其心力尤表現在象數上。在《易》象解釋上，不僅擴充《說卦傳》及《九家逸象》之內容，亦引入卦變、卦主觀念，提出「卦變說」、「卦主說」之理論。在《易》數方面，除深入探討《繫辭傳》的「天地數」與「大衍數」外，亦肯定邵雍《易》數，包括八卦十數；於《易纂言外翼》亦探究邵雍皇極數與聲音數。

　　此外，吳澄亦重視象數《易》學中的圖書之學，承繼朱子肯定河圖、洛書及伏羲、文王《易》圖，並以先天圖畫出「互體圖」。吳澄重視圖書之學，其用意在交待《易》經傳的成書歷程。首先交待伏羲《易》，由「易道」為開端，引邵雍「加一倍法」說明卦畫之發展，由一畫到二畫四卦、三畫八卦，伏羲畫出先天八卦圖，進而發展成四畫、五畫到六畫的六十四卦，伏羲畫出六十四卦先天方、圓圖。繼而放入夏《易》——《連山》、商《易》——《歸藏》之簡介，其後方是《周易》。可見吳澄重視圖書學，實基於此套學說能說明《周易》的演變歷程。

　　至於吳澄釋《易》不廢義理，則可由〈大過〉、〈遯〉、〈大壯〉三卦闡發聖人對陰、陽關係之看法見出。此外，對於聖人論君子、小人之卦爻辭，亦多所發揮。

　　吳澄《易》學有著鮮明元代《易》學色彩，以纂註體形式，一方面承繼程、朱等前賢之說，亦加入個人之創見，深得後代《易》學家之重視，並援引其說。個人在深究相關《易》著後，深感稱吳澄為元代《易》學大家，可謂實至名歸。

目 次

第五冊　王龍溪心學《易》研究

作者簡介

　　陳明彪，祖籍福建省金門縣，1972 年生於馬來西亞，國立臺灣師範大學國文研究所博士。曾任世新大學、高苑科技大學兼任講師，現任屏東教育大學中文系助理教授。主要研究領域爲易學及中國哲學，著有〈牟宗三《周易哲學演講錄》義理試詮〉、〈錢穆的易學研究〉、〈「陰陽」觀念在《黃帝內經》中使用的考察〉等論文。

提　要

　　王龍溪之學雖以「四無」說最聞名，但他在《全集》中有許多從心學的角度去解釋《易》學的觀點，頗有可觀，然現今較有系統去研究龍溪易學思想者，除朱伯崑的《易學哲學史》外，並不多見。因此，本論文遂選擇龍溪的易學，作爲研究對象，觀察他如何以心學滲入《易》學，如何「以心解易」。

　　本文全文內容共分六章：

　　第一章爲緒論，言研究動機與方法、前人研究成果述評、論文架構、龍溪傳略。

　　第二章闡述龍溪的心學思想，著重在他的一念之微、一念萬年、「四無」說的論述。

　　第三章闡述龍溪心學易的思想淵源，得出其淵源自周敦頤、張載、程顥、陸九淵、楊簡、王宗傳、王守仁之心學易理。

　　第四章闡述龍溪心學易中的象數思想。從他對「河圖、洛書」、「伏羲八卦方位圖、文王八卦方位圖」和「天根、月窟」的論述中，展示了如何以良知去貫串以上諸圖。

　　第五章闡述龍溪心學易中的義理思想，其中論太極、以〈乾〉知爲良知，以良知爲《易》道，這是天道面的探討；而論及學《易》之目的、藉用各卦來

詮釋心學、治國和修身思想、以《易》融通三教，這是人事上的探討，故龍溪是自天道、人事兩面去發揮他的義理思想。此章最後也反省他《六經》註我、我註《六經》的見解和意義。

　　第六章為結論，檢討本文之貢獻、限制和展望。

目　次

第六冊　牟宗三的漢代易學觀述評

作者簡介

　　陳明彪，祖籍福建省金門縣，1972 年生於馬來西亞，國立臺灣師範大學國文研究所博士。曾任世新大學、高苑科技大學兼任講師，現任屏東教育大學中文系助理教授。主要研究領域為易學及中國哲學，著有〈牟宗三《周易哲學演講錄》義理試詮〉、〈錢穆的易學研究〉、〈「陰陽」觀念在《黃帝內經》中使用的考察〉等論文。

提　要

　　《周易的自然哲學與道德函義》是牟宗三先生早年的易學專著，此書較少被學界注意，可以說是個「寂寞的園地」。細讀《周義》，雖然有些觀點顯得稚嫩，且有以西方哲學強套中國哲學之嫌，但其研究進路和某些看法至今仍有啓發性，深具價值，特別是他對於漢代象數易重新整理的過程中，由此發現了中國式的宇宙論或自然哲學。因而不揣固陋，選擇牟先生關於漢易的詮釋，試著去論述解析其內容，希望本文之作，對於後來研究牟學或漢易的人，能有些微的裨益。

　　本論文擬定八章，概述如下：

　　第一章闡述本論文的研究動機與目的、研究範圍與方法，並就今人的研究成果述評，以及揭示本論文的基本架構。

　　第二章說明《周義》的著述背景，並敘論懷德海哲學，觀察他如何影響《周義》的著述。

　　第三章說明漢代易學天人感應的背景，此實深受董仲舒學說的影響。接著就漢易的發展情況及漢易五家：孟喜、京房、鄭玄、荀爽、虞翻的傳承關係，作一闡述。最後再說明牟先生解析漢易的兩個原則：宇宙論上的原則（大宇宙公式）、本體論上的原則（小宇宙公式）。

　　第四章展示牟宗三先生所述及的孟喜、京房的易學內容及他的詮釋，並就其詮釋述評。

　　第五章展示牟宗三先生所述及的鄭玄、荀爽的易學內容及他的詮釋，亦就其詮釋述評。

　　第六章展示牟宗三先生所述及的虞翻的易學內容及他的詮釋，再就其詮釋述評。

第七章探討牟宗三先生所凸顯的互體與卦變的意義，由漢易所抽繹出的宇宙論，象的特殊意涵以及由「象」「象」所建構的知識論和價值論。

第八章說明牟宗三先生詮釋漢易的成果，通過與熊十力、唐君毅、徐復觀三位先生的漢易研究作一比較，可見牟先生在漢易詮釋的成果上是很豐碩的。

目　次

第七、八冊　今文《尚書》語法與經文詮釋關係之探討

作者簡介

　　劉靜宜，台灣省台中市人，1971 年生，逢甲大學中文所博士，亦擁有中等教育學程證書、教育部對外華語教學能力證書。

　　從事外籍生教學，有近十年的豐富經驗。目前在逢甲大學、中興大學、暨南國際大學教授中文、華語等相關課程。2007、2008 年曾教授僑務委員會美國團華語教師研習班、日韓加歐泰團華語教師研習班，培育更多的海外華語教師。

　　曾獲華嚴蓮社趙氏孝慈大專佛學論文獎、中華扶輪社教育基金會論文獎、逢甲大學「學生優秀作品數位典藏計劃」（e-Paper Contributor）指導教授紀念牌等。

提　要

　　本文內容主要是從語法角度，由詞類、句類、篇章，對今文《尚書》進行系統的研究。並採取《孔傳》、《孔疏》、《蔡傳》、錢江本《尚書》、屈氏《尚書釋義》五種文本，互相比對，以究今文《尚書》經文所詮釋的要義。

　　諸家對今文《尚書》之句讀與詮釋，見解各異，但研究過程中，藉由語法分析，能辨析句讀與詮釋何者較妥切。從分析中，可得知屹立不搖的《孔傳》、《孔疏》、《蔡傳》等詮釋，並非全部符合原來經文所要呈現的意思。

　　論文共分為九章。第一章「緒論」。第二章「今文《尚書》詞類、短語、句法之探析」，對於今文《尚書》各詞類類別與語法特徵、短語的結構類型、句子成分、單句的類型、複句的類型，一一舉證說明。第三章、第四章、第五章、第六章、第七章，分別對今文《尚書》陳述句、祈使句、疑問句、感嘆句、判斷句加以析論。第八章「今文《尚書》語法析例」，是對六篇內容，各句的語法分析。第九章「結論」，將各章節所提出的論述，簡單扼要的提出本論文

之特色。

　　本文可歸納出六點色：一、對比歸納出《經傳釋詞》引《書》之內容；二、釐清台灣與大陸學者語法用語之異同；三、辨析今文《尚書》各句類的語法與特點；四、提出詮釋今文《尚書》句式之路徑；五、辨解「單詞、短語、語句」詮釋之要義；六、提出入今文《尚書》15 條例之鑰。

目　次

第九、十冊 先秦兩漢天人意識與《詩經》學之研究

作者簡介

　　謝奇懿,台灣南投人,國立台灣師範大學國文研究所博士,現爲文藻外語學院應用華語文系助理教授。主要研究方向爲詩經學及寫作教學,著作有《先秦兩漢天人意識與詩經學之研究》、《五代詞「山」的意象研究》、《新式寫作教學導論》(合著)專書三種,並有〈毛鄭詩經學中的天人關係與文學透顯〉、〈辭章學體系下的作文批改指引系統與互動〉、〈限制式寫作於華語文作文教學之應用〉等論文十餘篇。

提 要

　　先秦兩漢詩經學之理論包含經學、文學、思想三個層面,本文自先秦兩漢思想上最重要的天人意識出發,試圖以從天人意識面對詩經學,觀察其間的脈絡、發展與理論架構。

　　先秦兩漢詩經學可分爲現象與深層意識兩層次,其中現象層次包含了用詩與詮釋兩者,而深層意識則爲主體情感與客體事物兩方面。從天人意識來看,先秦兩漢的詩經學係在主體情志及德義要求下,沿著主客、情理等概念,在不同時期表現爲不同之二元互動關係,成就多種多樣的面貌。就橫向理論架構而言,先秦兩漢詩經學的詩學思想始於情卻未停留於情,其沿著情志生發,表現出萬象、萬理;從另一面看,先秦兩漢的詩經學思想在表現客觀世界之理的同時,此客觀之理卻未嘗離於情。此種以情志爲本而兼於天人兩範疇,在天人、情理、主客不即不離的關係,是先秦兩漢詩經學的特點,也是後世詩學的主要

範疇。在縱向的發展上，先秦兩漢詩經學乃是隨著先秦兩漢的天人意識而漸次發展。在這當中，無論是現象之用詩與詮釋，或者是深層意識之心物結構與互動，皆朝向六朝或今世習見之文學思想演變。由此從天人意識對先秦兩漢詩經學之探索可知先秦兩漢詩經學乃是綜合經學、文學、思想三者，經學中有思想大義，文學則由思想大義中生發。

目　次

第十一冊　鄭玄王肅《詩經》學比較研究

作者簡介

　　鄒純敏，國立臺灣大學中國文學研究所碩士，現任台北海洋技術學院專任講師。

提　要

　　本書旨在考論鄭玄、王肅二家《詩經》學之異同及其所以異同之故。主要重點有三：一、考二家《詩》學之共相。二、考二家解《詩》不同處，及其所以異解之因素。三、考二家所引發之《詩》學爭論及對孔穎達等疏《詩》時之影響。

　　首章「緒論」，說明研究動機與目的，並對前人相關研究略作述評。第二章「鄭玄、王肅《詩經》學興起之背景」，一則自今古文經學勢力之消長及其自身之發展，論鄭玄所以箋注《毛詩》實乃經學發展之自然趨向，並探鄭玄箋《詩》之特點；再則探討王肅非難鄭玄之原因。第三章「鄭玄、王肅《詩經》學之共相」，採歸納比較法，自「訓詁內容」、「《詩》學觀念」、「思想表現」三方面論之。第四章「鄭玄、王肅《詩經》學考異」，採歸納比較方式，自「訓詁」、「思想表現」二方面考其異。第五章「鄭《箋》、王《注》思想之主要區別」，二家《詩》學之異，讖緯認同與否最為大端，本章自東漢經學家對待讖緯之不同態度論鄭玄主讖、王肅反讖實各有承襲。第六章「鄭、王《詩經》學之流衍（一）——二派之爭較」，自「王基難王肅」、「馬昭、孔晁互詰與張融平議」、「孫毓與陳統交辯」三方面略論二派交辯情形。第七章「鄭、王《詩經》學之流衍（二）——二派《詩》學對《毛詩正義》之影響」，述《毛詩正義》對鄭《箋》、王《注》之運用，及考察其疏《傳》時對鄭、王二家《詩》說之取捨。第八章「結論」，總結前述論點。

　　本書之結論，厥有以下數端：

　　一、鄭、王皆以復孔門聖學為目的。以為《毛傳》所解較得《經》旨，故於研究方法上，皆採《毛詩》為主，三家為輔之方式以探聖人元意。

二、鄭、王二家皆以爲《詩》有美、刺功用；《詩序》爲孔學正統；《毛傳》之「興」係藉物象特徵以明隱喻之理之表現手法；又皆承繼儒家重禮、親親以及遠、任賢使能之思想。

三、鄭、王二家思想觀點之異，若「史實認知」、「禮俗認知」、「對待三家《詩》態度」、「對待讖緯態度」爲尤其顯明者。

四、鄭、王二家根源性之差異在所體會之孔門聖學不同。鄭玄以爲讖緯乃孔子陰書以教後王，故取用之；王肅則以之爲妖妄之說，故不取用。此一差別實因二人各延續不同學派所致。

五、二派《詩》學之爭，至西晉雖猶激烈，然孫毓已有調合二派之主張。《毛詩正義》多據鄭《箋》闡伸《傳》旨，然鄭《箋》亦有不合《傳》旨者；而王學雖被視爲鄭學之對立學派，惟亦據《毛傳》作注，故《毛詩正義》間亦引以申《傳》。《正義》實以是否符合《傳》旨爲取捨二家之標準，非妄取也。

目　次

第十二冊　朱子詩教思想研究

作者簡介

　　彭維杰，台灣省苗栗人，1957 年生。中國文化大學中文研究所博士，學術專長：詩經學、宋明理學、語音學、客家語文，現任國立彰化師範大學國文學系與台灣文學研究所副教授。

　　研究重點在於朱子學、詩經學及客家文學，著作有：《毛詩序傳箋「溫柔敦厚」義之探討》、《朱子詩教思想研究》、《彰化地區民間寺廟教會推動成人教育概況》（與他人合著）、《成人教育研究目錄》（與他人合編）等，並有多篇論文發表於國內學術期刊。

提 要

　　「詩教」素為儒家所重視，自孔子以「思無邪」稱三百首，謂詩可以「興觀群怨」，初步建立了詩教之觀點；漢儒則指出詩教使人達到「溫柔敦厚」之效果，因此充實了詩教的理論。下至唐代，無不以此為其內涵，而解詩、讀詩亦始終以詩教為核心。

　　至宋，理學倡興，疑經風起，但詩教仍為讀詩之重要目的，只是其中的內涵已與前代有所不同。朱子集理學大成，解詩自成一家，其詩教思想足為有宋

之代表。本文旨在研究朱子在詩教方面闡發的內涵，並期望藉此歸納出其詩教思想體系，同時與漢儒之詩教思想比較觀察，以得其特色和價值。除首章緒論說明研究動機目的、方法及檢討前人成果外，重要內容可分三大部分：

　　第一部分（二三四章），以三章篇幅闡述朱子詩教思想之內容。按朱子治詩之歷程，從早期用《序》，經中期反《序》，至晚期以經之本文解詩，探討各階段的思想內涵；又以專章分析朱子提出的「淫詩」說，探索其中的詩教意義。

　　第二部分（五六章），以兩章歸納朱子詩教內涵中格物致知的讀詩工夫，與整體詩教的思想體系。工夫方面，分為格物方法的探討，及致知工夫的分析；體系方面，由經緯兩端歸納其架構與內涵，得出以大學為基架、以中庸為上學之詩教架構；復得其以理學命題為詩教內涵之主軸。

　　第三部分（第七章）為結論，將朱子詩教思想與漢學詩教比較，以呈現朱子詩教之特色；再評論其詩教思想之價值。最後，論述其詩教思想的影響，同時由本研究反思其現代意義，以為研究之總結。

　　朱子詩教思想因以理學為內涵，固不同於孔子以來之傳統詩教，但其以德性倫常為旨歸的詩教觀點則無二致。所以他是從傳統詩教出發，再以其理學思潮之背景論述，開創嶄新的詩教天地。其豐富的內涵實具有下列七點價值：一、繼承《詩經》教化之傳統，二、發揚理學論詩之風氣，三、運用儒學思想使詩教體系化，四、還原《詩經》之文學本色，五、解讀活動由讀者立場主導運思，六、強調文本解讀吟詠之必要，七、將《詩經》教材化等。

　　本書附錄探討孔子詩教與朱子詩教的異同，藉以凸顯朱子的詩教思想特色。

目　次

第十三冊　歐陽修《詩本義》探究

作者簡介

　　趙明媛，中央大學中文所畢業。碩、博士論文爲「歐陽修《詩本義》探究」、「姚際恆《詩經通論》研究」。另有單篇論文〈莊子德充符析論〉、〈釋朱熹詩集傳之賦比興〉、〈姚際恆詩經通論之詮釋觀念——意會與言傳〉、〈淫詩之辨——朱熹淫詩說與姚際恆的批評〉、〈荀子天道思想〉（合撰）等。

　　作者執教於國立勤益科技大學，96 年參與執行「教育部獎勵教學卓越計畫」，開發中文教材，與江亞玉、張福政、童宏民、劉淑爾共同編著《大學文選—語文的詮釋與應用》一書。

提　要

　　歐陽修撰寫《詩本義》，消極目的在於批評《毛傳》、《鄭箋》以及《詩序》的妄說，釐清理解詩義時的障礙；積極目的則在彰顯詩歌本義，進而實現聖人以《詩》垂訓後世的教育理想。就形式定義而言，本義指的是詩人創作的原意；就實質定義而論，本義則是富有美刺諷諭意旨的詩義。

　　《詩本義》一書兼含理論、解釋與批評三種性質，因此本文由《詩》觀、詮釋觀、詩義論三方面對《詩本義》進行分析。《詩本義》的《詩》觀係以發揚《詩》的諷諭功能，實行《詩》教爲中心理論，以「刪詩說」爲理論之支撐。《詩本義》的詮釋觀以詮釋標準（詩文、情理、聖人之志、《詩序》）的提出，以及詮釋方法的建立爲主幹。《詩本義》的詩義論則以作者、本義之區分爲基礎觀念，以詩義解釋與批評傳統《詩》說爲觀念之實踐；在此歐陽修區分主角與詩人、文意與本義，首度重視到作品的語文意義，實爲後世各家新義出現的先聲。

　　《詩本義》的價值不在新理論、新方法的提出，而在於能反省傳統《詩》說，並在舊有的解釋上，抉發新的意義，爲傳統《詩》說注入活力。不論對於中國說《詩》傳統的承繼，或者後世新義的出現，《詩本義》都有著重要的地位與影響。

目　次

陳章錫　王船山《詩廣博》義理疏解

作者簡介

陳章錫，1958 年生於台北縣板橋市。學歷：台灣師範大學國文系學士、國文研究所碩士。中國文化大學哲學研究所博士。現任南華大學文學系副教授。曾任南華大學文學系、所主任，德霖技術學院專任講師。著有：王船山《詩廣傳》義理疏解（碩士論文），王船山禮學研究（博士論文），藝海吟風（陳章錫五十詩書創作展集）。榮獲：行政院國科會研究計畫補助——王船山美學思想研究（2004），《禮記》思想之哲學釐析及系統建構（2007）。近年發表〈王船山音樂美學析論〉，〈王船山人格美學探究〉，〈王船山美育思想評析〉，〈從王船山「兩端一致論」考察《小戴禮記》教育觀〉，〈論《禮記‧禮運》的政教文化觀〉，〈《禮記‧王制》政教思想探究〉等系列期刊論文。

提　要

本篇論文係針對王船山《詩廣傳》一書作專精深入之研究。選錄其中重要篇章，加以歸納整編，進一步詮釋疏通其中之義蘊奧旨。並斟酌以近人研究成績爲輔，冀能撐開爲一條理井然，自成體系之思想架構，作爲窺見船山思想全貌之一始基，庶幾有助於後人對船山思想之進一步了解、研究。

第一章，「緒論」，一在追述前人研究情形，一在說明本文之研究動機、態度與方法，最後說明《詩廣傳》一書之版本、體例，及行文特色。

第二章，「《詩廣傳》論性與情之通貫」，首在說明「情」在船山整體思想中之關係、地位，及其如何進論治情之道，次在澄清船山「命日受，性日生」之人性論與道德實踐之關連。

第三章，「《詩廣傳》論道德倫理」，根據船山對人性獨特之見解，闡明其如何界定道德倫理之內涵，與如何應用之於立身處世及應物之際。

第四章，「《詩廣傳》論歷史文化與政治」，一在論述船山以倫理人文貞定歷史進程之看法，次在論述船山之政治理想，最後述及船山對現實政治興衰之評論。

第五章，「《詩廣傳》論禮詩樂」，首先論述祭祀之宗教意義與應有之誠敬態度，並經由禮詩樂三者之關係、性質，以闡明詩樂之形上內涵與功能。

第六章，「結論」，總結前文內容之由內而外，由人至天，見出船山內聖外王之一貫精神，點出其思想之深度，及其經世致用之特色與價值所在。

目 次

第十四冊　晚明《詩經》評點之學研究

作者簡介

侯美珍，政治大學中國文學研究所博士，現任臺南科技大學通識教育中心副教授。研究領域：詩經學、明清科舉、八股文研究。代表作有：《聞一多詩經學研究》、《晚明詩經評點之學研究》、〈毛奇齡《季跪小品制文引》析論——兼談「稗官野乘，悉爲制義新編」的意涵〉、〈明清科舉取士「重首場」現象的探討〉、〈明清科舉八股小題文研究〉、〈談八股文的研究與文獻〉、〈明清八股取士與經書評點的興起〉、〈《儒林外史》周進閱范進時文卷的敘述意涵〉等。

提　要

本論文主要採歷史文獻分析法，藉由歷史文獻的考察，知人論世。並佐以統計法，闡釋學、接受美學、語境說等理論，以作爲論證的輔助。共計正文八章、附錄三篇。

第一章〈導論〉：澄清前人對明代經學的負面評價及因襲的成見，檢討明代《詩經》學及晚明《詩經》評點之學的研究概況，並說明本論文主題的研究價值。

第二章〈評點概說〉：介紹評點的起源、發展、特色、與科舉密切結合的情形，及明清士人對評點的評價等。對「評點」的性質及明清士人對「評點」的評價有正確認識後，可作爲吾人了解評經的表現方式、認識評經性質的基礎及正確地解讀前人對評經的種種論說。

第三章〈經書評點風氣興起的背景〉：何以晚明會有大量的評經著作產生，並受到時人的歡迎？筆者考察當時的學術風氣，解經態度，歸納明人文集、書序中的種種論說，加以說明。以爲復古風氣的瀰漫、對經義紛紜的反動、明人慣以文學眼光詮釋古籍，以及王學流風遺韻的影響，使明人對經解抱持開放的態度、讚賞獨抒心得的別解，都是造成評經興起的原因。

第四章至第六章，分別析論孫、鍾惺、戴君恩三部《詩經》評點，由介紹其人之生平、文學主張入手，結合其文學主張及相關著作中的資料，說明其評《詩》動機、版本問題、評《詩》的態度、對《詩序》、《毛傳》、《鄭箋》、《朱傳》等舊說的取捨、《詩》評所透露出的好尚，並論其影響與評價。

第七章〈晚明《詩經》評點的性質辨證〉：先前研究者或主張鍾評之類的《詩》評，其性質爲科舉講章之屬，故招來錢謙益、顧炎武等指斥，故筆者設此章予以回應，除證鍾評等書其性質非科舉講章、屬文學評賞之外，並詳細析

論錢、顧、四庫館臣等抨擊評經的深層心理。

第八章〈晚明《詩經》評點之學餘論〉：用闡釋學到接受美學的轉變，來對照、解釋晚明將孟子「以意逆志」轉爲「以臆逆志」的閱讀現象。並指出在尊經的思維下，「聖經」與「至文」間存在著衝突，故評經者常將論文的本質，用求經義、明道的外衣來包裹，今人不明其所處的語境，常爲其飾辭所惑的。本章並通論民初對晚明《詩》評的肯定，及指出諸評刊落訓詁，用語模糊、簡略，造成今人解讀的困難，是其不足之處。文末結語，回顧本論文的寫作，筆者自省得失，並前瞻未來可繼續努力的方向。

附錄三篇，爲正文的補充，分別爲：

附錄一〈明清士人對「評點」的批評〉：探討明清士人支持評點、反對評點之故。

附錄二〈鍾惺《詩經》評點的版本問題〉：介紹鍾評三本初評本間的異同，比較初、再評本的出入，並澄清過去對於鍾評版本錯誤的論述。

附錄三〈陳繼揆《讀風臆補》引戴君恩《讀風臆評》原文的校勘〉：陳繼揆作《臆補》，雖自言全錄戴評，經筆者校勘，陳氏所錄與戴評頗有出入，未能如實呈現。

目 次

自 序

第十五冊　從古代的生命禮儀透視其生死觀：以《禮記》為主的現代詮釋

作者簡介

　　林素英，臺北縣人，國立臺灣師範大學文學博士，曾任教於花蓮師院語教系，現任臺灣師大國文系教授。她因為嚮往生命理想的實現而勤於耕耘「禮學」的園地，發現經由「禮」，可以為社會人生建立秩序、條理與價值，因此很努力為讀者推薦一個有「理」而且有「禮」的生命情境。已出版有關禮學的著作有：《古代生命禮儀中的生死觀》、《古代祭禮中之政教觀》、《喪服制度的文化意義》（文津出版社）；《從郭店簡探究其倫常意義》、《禮學思想與應用》、《甜蜜的包袱——禮記》、《陌生的好友——禮記》（萬卷樓圖書公司）以及《少年禮記》（漢藝色研，已絕版）等，另有數十篇禮學、詩學及其他論題之單篇論文。

提　要

　　生死問題自古以來即縈繞人心，令人揮之不去，古人如何面對，今人如

何吸取古人的生命智慧以建立生命的價值觀,當是現代人應該思考的問題。因此,本書即從古代之生命禮儀,挑選貫穿個人生命歷程中最重要的冠、婚、喪、祭之四大禮儀活動,進行有關生死觀之探究。全書之架構,本諸先儀(現象呈現)後禮(禮義闡釋)的原則,依據:現象的呈顯→本質的探究→本質間關係的建立→生死觀的凝塑之步驟進行研究。全書之內容:第一章為緒論,說明研究的動機與目的、研究的範圍與材料、研究的方法與限制。第二至五章,分別從:生命教育的始成——莊重的冠禮,生命繁衍的機緣——神聖的婚禮,生命莊嚴的收筆——慎終的喪禮,生命薪傳的達成——追遠的祭禮,以呈現古代生命禮儀的現象。第六章則為根據前面四章所組構之生死觀論述,分別以死而不絕的生命觀、總體存在的和諧觀、以死教生的價值觀,呈現古代生命禮儀中的生死觀。最後第七章之結語,則在全篇論文之回顧與延展之外,更由古禮中的生死觀反思現代人的生死觀,希望藉由禮學深入生命核心活動的一面,以展現經學有血有肉的另一向度,庶幾可達到經學旨在指導人生的不朽價值!

目 次

第十六冊　唐代《春秋》義疏之學研究——以詮解方法與態度爲中心

作者簡介

　　江右瑜，臺灣省彰化縣人。國立彰化師範大學國文系博士。現任教於大葉

大學、亞洲大學兼任助理教授。

提　要

　　唐代《春秋》學的發展，中前期以義疏之學爲主，孔穎達《春秋正義》、徐彥《春秋公羊傳注疏》及楊士勛《春秋穀梁傳注疏》的先後完成，標幟著魏、晉以來義疏之學的總結。《春秋》三《疏》雖同爲唐代《春秋》義疏之學的代表，但三者在徵引的內容、經傳關係、三《傳》取捨、論述句法、論述焦點、詮解進路、詮解目的等方面各有不同，這些詮解方法與態度上的差異固然源於《春秋》三《傳》在家法上的獨特性，但也透顯出唐人對《春秋》學的反省與定位，眞實反映了唐代義疏之學的多樣面貌。藉由《春秋》三《疏》與唐代中後期啖助等人的新《春秋》相較，也可進一步釐清唐代《春秋》學發展演變的軌跡。

目　次

第十七冊　毛西河及其《春秋》學之研究

作者簡介

　　陳逢源，政大中文所碩士、博士，現任教於政大中文系，教授《左傳》、中國思想史等課程，專長爲《四書》、《春秋》、經學及思想史等，有《毛西河四書學之研究》、《朱熹與四書章句集注》關乎《四書》學之著作，〈春秋書例辨析〉、〈國家體制的思惟春秋書例的另一種詮釋方向〉等有關《春秋》之研究篇章，其他尚有關於經學、學術史等論文數十篇。

提　要

　　毛奇齡，號河右、西河，爲清初由陽明心學入考據學之關鍵人物，《毛西河全集》經學著作共五十種，二百三十六卷，文集部分有二百六十三卷，其他失收或是亡佚之作尚有十餘種，數量龐大卻乏梳理。本文爲求明晰，整理其著作，纂輯其「年譜」，嘗試了解其一生學思歷程，並分析《春秋毛氏傳》、《春秋屬辭比事記》、《春秋條貫篇》、《春秋占筮書》、《春秋簡書刊誤》等《春秋》學之相關著作，檢視其「簡、策分書」、「二十二門部」、「禮、事、文、義」四例等概念，以及「屬辭比事」解經手法等，對其批判《胡傳》謬失，力求回復《春秋》本經地位，有深入之分析，至於引文不當、說解謬失之處，也有適切的檢討。

目　次

第十八、十九冊　從「華夷」到「中西」：清代《春秋》學華夷觀研究

作者簡介

　　蕭敏如，1977 年生，台灣台中人。國立政治大學中國文學系畢，國立台灣大學中國文學研究所碩士、博士，專攻明清學術史與清代《春秋》學。著有〈由「尊王」向「攘夷」的轉化──清初遺民士人《春秋》學中的民族意識〉等學術期刊數篇，現爲暨南大學中國語文學系專任助理教授。

提　要

　　民族意識與「民族國家」蔚爲風潮，是近代最重要的文化現象之一。中國近代民族主義的興起，與清代民族意識或者說華夷心態的變化息息相關。整個清王朝，是一個文化衝突與融合不斷進行的時代。清王朝從努爾哈齊建國至溥儀遜位，漫長的兩百餘年之間，中國始終都處於一個文化與異文化之間不斷對話的社會情境之中。開國之際的滿漢文化衝突，直至道、咸、同、光時期中華與西洋之間的文化拉扯，在長期漢文化與異文化之間密切不斷地衝突與對話的過程中，構成了「民族」意識蔚爲風潮的要件。

　　在十九世紀中葉清代「天朝」體系與「天下」世界觀崩潰之前，中國比較缺乏一個在意義上與近代「民族」概念的影響力與重要性能準確對應的詞彙。清代前中期民族意識的演變，反映在清代的「華夷」論爭上。但，中國傳統的「華夷」概念並不完全等同於「民族」。在傳統的「華夷」詮釋裡，「華夷」有時會被解讀爲一種「知禮」與否的文化差異，如韓愈在原道中所說的「諸侯用夷禮則夷之，進於中國則中國之」；有時，「華夷」又被解讀爲血緣、種族等較近似「民族」的概念，如王夫之〈讀通鑑論〉「狄之於我非類也」之論點。爲了避免陷入以「後設」觀點來想像前代的問題，因此本文選擇以清代「華夷」概念在《春秋》學詮釋中的演變與發展爲主題，探討清代民族意識的演變過程。

　　近代中國華夷意識的發展，可以說是從「滿漢」過渡到「中西」的過程。然而這樣的變化又與清英鴉片戰後中國天朝體系的崩潰、「天下」世界觀的崩解有極爲密切的關係。「天朝」是結合文明中心與政治中心的概念，既是政治外交上的「天朝」，也是文化上的「上國」。因此天朝體系的崩潰，不僅意味著中國天朝地位的失落，也意味著中國傳統世界觀的改變，這使得原本附著在天朝體系下的華夷觀面臨空前的挑戰。咸豐十一年「總理各國事務衙門」成立，在外交舞台上正式宣告傳統「天朝」時代的結束，外交地位平等的「萬國」時代由此展開，這也直接導致「民族國家」意識的興起與傳統華夷觀的沒落。因此本文選擇以咸豐十一年作爲本篇論文研究時代上的斷限，探討清初至咸豐十一年華夷問題由滿漢過渡到中西的演變脈絡。

　　本文從以下幾個角度，以清代《春秋》學華夷詮釋爲中心，對清代官方與士人華夷觀進行探討：一、從時代的斷限來看，大致上可以分爲清初（順、康、雍三朝）、乾嘉、道咸三個時期；二、以詮釋者的身分及其觀點來看，

大致可以分為官方觀點與士人觀點的不同；三、華夷論述指涉、隱喻的對象來看，大致上可以分為清初的「滿漢」、與道咸以降的「中西」；四、從華夷論述的基本態度來看，由清初的「用夏變夷」，到道咸年間鴉片戰後開始發展出「師夷長技」、「中體西用」等，華夷之間「文明」地位的變化。希望能透過對清代《春秋》學中華夷詮釋觀點的變化，尋繹出清代民族概念與華夷意識發展的過程。

目　次

第二十冊　《春秋左氏傳》賓禮嘉禮考

作者簡介

宋鼎宗，1942 年 2 月生於臺灣南投，1968 年 6 月畢業於成功大學中國文學系，1969 年 8 月進入國立臺灣師範大學國文研究所進修，師從大冶程發軔教授研習《春秋》學，1971 年 6 月畢業，獲文學碩士學位。

1971 年 8 月受聘於國立成功大學中國文學系，歷任講師、副教授、教授，並擔任系主任、研究所所長等職。現在任職於：高苑科技大學通識教育中心專任教授。曾出版《春秋胡氏學》、《春秋宋學發微》、《人文學論叢》等書，及文史哲論文若干篇。

提　要

《春秋》大義，職在鑑往知來，以經緯天地，綱紀人倫。而丘明之述，功在表彰得失，發聖人之微言，述《春秋》之元義。而恩以義盡，義以禮斷也。且左氏所善，先王所重，亦云禮而已。

「禮」乃體大思精之學，而為今日所謂「文化」之總匯。左丘明躬覽載籍，廣記備言，而成周郁哉可從之禮，得以見之。

因仿淩曉樓《公羊禮說》之例，考春秋左氏之賓禮、嘉禮；檢《春秋》所書禮事，論《公》、《穀》之得失，而歸本乎《左氏》，兼取禮經以證成之。若禮經所闕，則或證諸詩書諸子，或取諸後儒，唯求其通說耳。

賓禮：有朝禮（含朝天王、列國來朝、公如列國）、聘禮（含天王下聘、聘天王、列國來聘、聘列國、獨稱來）、會禮（含特會、參會、合會、因會而盟、外相會、卿大夫會諸侯、大夫相會之禮、公會內女、夫人會諸侯）、盟禮（含特盟、外諸侯特盟、參盟、同盟、合盟、公與大夫盟、內大夫特盟外諸侯、大夫盟、來盟、盟）、胥命遇平之禮、如至之禮（含公如、公至、大夫至）、錫命、來求等。

嘉禮：有冠禮、婚禮（含納幣、親迎、媵、致女、反馬、歸寧之禮）、世子生之禮、饗燕禮（含王饗諸侯、天子饗諸侯大夫、諸侯饗天子、兩君相饗、諸侯饗天子大夫、諸侯饗燕鄰國大夫、諸侯饗燕其臣、大夫饗聘客、大夫人饗

君、大夫相饗食、夫人饗諸侯)、歸脈、肆眚等。都壹拾柒萬言云。

目　次

第二一、二二冊　《左傳》職官考述

作者簡介

許秀霞，民國五十六年生，台灣省彰化縣人，生長於民風純樸的台東。

畢業於臺灣師範大學國文研究所，師承簡宗梧教授。現任國立台東大學華語文學系副教授兼系主任。著有〈春秋三傳「執諸侯」例試論〉、〈《儀禮・士喪禮》中的禮義〉、〈《左傳》所載之魯國職官考述〉、〈美濃土地公信仰初探〉、〈皇民化的歷史見證〉、〈美濃鎮「劉姓彭城堂」的堂聯〉、〈美濃鎮之雙姓祠堂及三姓祠堂〉、〈美濃地區祠堂規制與機能〉、〈美濃地區客家生命禮儀研究〉等多篇論文。

提　要

本論文之作，係考索記載官制十分富贍的《左傳》一書，求得當時列國所有之職官名稱。除了藉此釐清春秋時代之列國官制外，並將之與《周禮》及金文相互比對勘驗，以見出三者之間的異同。

在章節之區分上，本文共分七章，除首章緒論及末章結論外，其餘各章爲二、王朝職官考述；三、列國職官考述——魯、鄭、衛職官；四、列國職官考述——晉、吳職官（同姓小國附）；五、列國職官考述——齊、楚、宋、陳、秦職官（異姓小國附）；六、各國職官之比較。

《周禮》一書爭論萬端。然從文獻及金文資料中發現，《周禮》所載之職官制度，與所發現的西周金文資料頗能互相印證，在客觀上保存了許多珍貴的古代職官制度的史料。這一點，是不可忽視和抹煞的。

經過對《左傳》逐字檢索之後，本文共檢得與《周禮》相同、或部分相同職官九十一種。由這些相同或相似的職官當中，得出下列幾點結論。

一、六官之稱號通行於列國，顯見春秋之前必有足以供列國參考施行的官制法則。單從《左傳》所記載之六官首長看，可知 1. 魯國是唯一六官首長全備的國家。2. 鄭國、宋國亦皆有五官之長的稱號。3. 楚雖異族，然亦注意吸收中原文化，五官之首長名稱，楚國即沿用了四官。4. 《周禮》所缺漏的〈司

空〉一職，可由《左傳》之記載補遺。5.由列國採用六官之比例看，在此之前，當有一套列國可以參考使用的官制法則。

二、除六官外，尚有六種職官名稱是多國所共同採用的。如師氏類之大師、大傅等：祝史、大史、御戎、右及行人等皆爲多國使用，且職掌與《周禮》相近。

三、列國官職常有名同實異或名異實同者。以大宰一職而論，魯國一見；鄭國之大宰，任爲副使；楚國之大宰，擔任文職；享有最高權位之大宰，則非宋國與吳國莫屬。

四、春秋列國顯然較《周禮》系統更爲重視太子的師保教育。如晉國之士會甚至以王之命卿的高貴身份，既將中軍又兼領大傅一職。

五、〈春官〉類職官是所有職官中，分工最爲細密化以及職官出現最多的類屬。以祝、史、宗而言，《左傳》或稱祝史、或稱祝宗；其中有二種官職之合稱，亦有二種官職併爲一職的例子。

至於在實際施行職官制度上，透過史書的記載，可以發現下列情形：1.由於專業需要，某些職官形成世代相承的現象：如史官與卜人。2.列國官制變化之主要原因爲強國富民與地理環境：如晉之軍政合一。3.春秋之時，文職、武職尚無明顯之區分：如楚令尹可帥師又掌國政。4.特殊狀況時可由一人兼領多項職務：如楚國葉公兼領令尹與司馬二職。5.《左傳》中某些官名影響及於後世：如晉將軍、元帥之稱號；齊祈望一職，成爲後代鹽官之始。

目　次

第二三冊 王船山《讀四書大全說》研究——由心性論到知人之學

作者簡介

莊凱雯，台灣台南縣人，碩士畢業於私立東海大學中國文學系，現為國立中興大學中國文學系博士候選人。學術專長：明清理學（明末遺民）、明清文人詩研究。曾任靜宜大學、台南科大兼任講師，目前在中興大學、朝陽科大等大專院校兼課。已發表文章：〈沈重的金鎖——觀《南史》《北史》后妃列傳中男性筆下的女性〉、〈析探明末遺民王船山〈正落花詩〉中的隱喻效果〉、〈《禮記・儒行》篇裡儒者「理想出仕」典型的塑造及意義〉等。

提 要

春秋末，世道衰微，孔子為力救其弊，遂周遊列國傳達理念，企盼當代歸回文王之治。然而，世間情勢非一己之熱情即可了結，孔子遂退以講學、著述作為批判的手段，刪作之春秋更使得亂臣賊子懼。自是爾後，孟子、司馬遷等等無不效法如此手法。吾人可言：知識份子無不對於社會、國家有著一股天生的使命感，他們藉由自身實際的參予、講學、著述等途徑，完成天所予我的生命課題。或則是因為，知識份子的心靈流亡特性，在對過去的難以釋懷，及困擾於現在和未來的悲苦情懷裡。他們不忘歷史使命，更不忽略

由人所造成的歷史。人的問題一直以來受到重視,「知人」更是不可忽略的論題。「知人之學」有二:其一為「知自己之所以為人」,即自辨、自我修養的部份;另一為「知他人之所以為人」,即辨人、近似於人物品鑑的概念。在傳統中國典籍中《四書》多存有「論人」的觀念,異於魏晉以來的由外貌品鑑人物,它是更為深刻的探索、分析人入手。因此,關心人事的船山,藉由讀《四書大全》在明瞭孔孟與批判朱熹等人概念裡,於《讀大學說》及《讀中庸說》二書中架構出屬於自己的「知人之學」,其後作品如《讀通鑑論》等,凡論及人物處亦不脫此架構下的規則。

第二章,擬寫船山與《讀四書大全說》之成書所涉及的一些問題。其次,則針對於船山《讀四書大全說》成書時間略為探索。有學者認為《讀四書大全說》是船山中年四十七歲時重要的作品,但是,船山自己卻在詩小序中寫道:四十七歲時「始重訂讀書說」,其間的差異涉及到了《讀四書大全說》中的思想:它是單純作家一個時期的思想代表,或是作家一個時期的思想轉化的呈現,故筆者在此章擬加探索。

第三章,知人之學除了辨己、辨人達到修己治人的成果外,在辨別的過程中它們是否有標準可以依循呢?由自知——知人——知天這一個循環的過程,船山仍不脫舊說以天為一標準,並在《讀中庸說》中立說天道(天之天),言人道(人之天),並且藉由性將這天道與人道做一聯繫。並揭示船山架構出人道實行的重點,及其所謂的君子之道、聖人之道、小人之道、君主之道等概念內容。

第四章,知人之學中首先必要釐清的就是自辨的部份,自辨應由何入手呢?在人所依循的外在天德、王道標準上,接著就應當探究人內在最基本的「心性」問題。

第五章,本章作為船山知人之學的總結。經由上述幾章中所指出的原則與辨己、辨人、修己、治人的基本概念,在此章中將例舉船山在《讀論語說》、《讀孟子說》中所涉及的孔門弟子、歷史人物等辨別方式與內容概念,並釐析其如何將自己由心性論的理念實際的使用在人物品鑑之上,以達鑑古知今,以及其企圖藉作品反省下得以扭轉當代社會變遷的困境。

目 次

序

第二四冊　康有爲《孟子微》研究

作者簡介

洪鎰昌，彰化縣人。93 年 1 月，畢業於國立高雄師範大學國文學系博士班。曾任稻江科技暨管理學院文學創作與傳播學系專任助理教授兼主任；現任長庚技術學院通識教育中心專任助理教授。學術專長爲哲理散文創作、現代小說研究與教學。最大的願望是自我完成並著作等身。

提　要

《孟子微》完成於光緒二十八年（1902）冬至日，當時康有爲正值戊戌變法失敗，潛逃海外。職是之故，註解《孟子》，不過是藉由孟子代言，以宣傳其變法思想。所謂孟子「微」，乃指「微言大義」，即公羊思想之「三世進化之義」，強調清廷應變法，且因時、因世而變，由「據亂世」、「升平世」、終至「太平世」。

目　次

第二五冊 唐君毅孟學詮釋之系統研究

作者簡介

蘇子敬，台南新化人，祖籍福建海澄，台灣大學哲學系學士，中國文化大學哲學研究所碩、博士。自幼生長在講求和諧禮敬、富含詩書氣息的百年蘇家古厝中。幼習書法數年，既長醉心古典文學、關懷歷史時事，慨然有復興國家民族文化之志。大學起，治中西哲學，關心民主自由和形上大道，踵隨當代新儒家，宗主儒家學說和唐君毅哲學，猶衷情於宋明理學，兼及道家情致，近年

亦究心於書道。著有《胡五峰《知言》哲學課題之研究──以「內聖外王」概念展開之》、《唐君毅孟學詮釋之系統研究》、《陳丁奇的書道志業及其書道哲學觀》等書，以及〈論斯賓諾莎《倫理學》之形式結構〉、〈斯賓諾莎《倫理學》「論神」八大定義範疇釋疑〉、〈伯夷列傳析詮〉、〈王陽明「拔本塞源論」之詮釋──文明的批判與理想〉、〈唐君毅論橫渠、明道、伊川學徑異同〉等論文多篇。現爲國立嘉義大學中文系教授兼系主任。

提　要

　　唐君毅先生以「當代新儒家」名聞於世，其哲學「博大圓融、無徑可循」，綜合中西印，貫通古今，深入古聖先賢之哲學心靈，儘如實契會而屢出新意，非僅創立其「生命三向與心靈九境」之龐大體系，更依「即哲學史以言哲學」或「本哲學以言哲學史」的方式，全面疏釋中國哲學，抉發出恆遠價值，並賦予時代意義。而唐先生大致透過宋明新儒學（以孟學爲主調）以上契先秦儒家，再經調適而上遂，以求更得其實，並建立其「天德流行境」，則其對孟子精神思想之契會與詮釋自更舉足輕重，本論文即以此進行系統性的研究。

　　我們先行整理唐先生回到儒釋、歸宗孔孟之曲折的成學歷程，說明其所認爲的西洋哲學文化之不足處，由此對照而顯其眼中東方智慧之博大高明，進而凸出整個儒學之勝義，並依唐先生的見解，簡切論述先秦儒家的精義，指出孟子之關鍵地位。在此唐先生精神思想背景之概觀的了解基礎上，我們切入唐先生對孟子的詮釋，展開一系列有系統的研究。

　　首先，拈出唐先生晚年忽有所契會孟子學的精神核心乃在於「立人之道」，也就是「興起一切人之心志，以自下升高，而向上植立之道」，於是，透過唐先生前後各時期有關孟子的詮釋代表作，進行撮要概括和分析辨明，理出了其間的思想線索和隱涵微義，尋得了前後相因或轉變、發展的軌跡，並加以綜合貫串，顯現其對孟子精神思想的契會歷程和見解要義。

　　其次，深探唐先生關於孟子之言默與論辯的態度及言性說道的方式之詮釋，進行了較綿密的分析辨明，並經過綜合貫串以呈顯其間的思想線索。由此獲得啓示，再經層層辯證反省和引申，終達到對孟子心靈向度或思維方式以及表達特色之更高的理解，亦即一種守先待後、對一切人永不絕望而堅持其性本善之「出乎高卓而恢宏的道德境界之超越的肯定」，不容許把任何個人看作"根本"與我和聖人異類而原較低等，以免在其間設限了一道無法逾越的鴻溝或關

卡。在此意義下，其他性善的論證或辯難，都是爲此「道德理想」或「實踐目標」而設，只是提供現象界裡道德心靈的事實例證或符徵，作爲人性本善的理論說明，輔以增強人們的信念，提振人們成聖成賢的心志罷了！

再者，我們擘析、探討了唐先生對孟子之心與養心工夫的詮釋。唐先生以「性情心」或「德性心」釋孟子之「心」，以之爲純善而無私邪，亦初與耳目食色之欲不相對反，乃一直接面對人物而呈現出之心，初非反省而回頭內觀者。故孟子養心工夫的要點只在正面地依四端之心之流露生起處以擴充、直達出去，醒覺地持守保存、續繼不斷，使充塞生命心靈，貫徹於所感的事物中，故實簡易直截，而不似宋明儒重反省地對治種種人欲等負面者之多曲折、加邃密，之正反工夫雙管齊下。孟子之論爲政之道，亦只是順此惻隱關懷以推行於民，即此便是王道仁政之表現。我們又針對袁保新先生分析孟子「身－心」結構時，在「道德心」概念外另提出「實存心」的說法，檢討其可能帶來的得失。此外，順唐先生對孟學工夫的詮釋說法，我們還比觀了牟宗三先生之「逆覺體證」（附及「頓悟朗現以大定」的積極工夫），更勉力把所涉及的德性工夫形態和境界大致歸納成數個層次，試圖貫串起來。

接著，探討唐先生對孟子之「性」與「命」的詮釋。先說明唐先生對中國先哲論人性的原始方向和基本觀點的釐清，使我們能從生命內部之面對人生理想而動態實踐發展的角度，以了解所謂的人性，而不外在化之、定限化之。由此導引到唐先生著眼價值理想和涵攝能量，而自「心能統攝生」的觀點，以解說孟子不沿襲舊義「即生言性」卻改以「即心言性」的理由，亦即分別從心對自然生命的涵蓋義、順承義、踐履義、超越義四個方面加以說明。我們對此解說略加點撥闡釋，指出此仍把握住心對欲的義命之鑰，乃就人生理想而言的人生命心靈之最初或最終的「體性」與「價值性」。唐先生更進而闡釋孟子乃即「心之生」以言性，也就是即四端之心之「自生自長」或者說「自向於其擴充」以言性，此即動態實踐發展的「趨向性」或「幾之性」，創生不已，通內外而無限量，終可同於聖而達於天。至於孟子之「立命」，則唐先生認爲乃承孔子之「知命」而來，其別只在「立命」乃就吾人自身先期之修養上說，而「知命」乃就人當其所遇之際說。唐先生認爲此孔孟所謂「命」，並非直指吾人所遭遇的某種限制之本身，而唯在此限制上，所啓示的吾人之義所當爲，而若令吾人爲者，才是命之所存。此義所當爲之命既若外來之啓示，亦若天之呼召，同時也必經過心性的自覺自立或自命，而非只

一味順從或無奈被迫，故知命、立命實須經過盡性的工夫歷程，盡性即所以涵攝知命立命。

繼而，略述唐先生對孟子王霸之辨或言政與教化精神的會悟，而由孟子此外王面「亦不外使人向上興起其心志之義」，以通貫於其對孟子內聖學的詮釋。並概括點畫諸先哲心性工夫、知天立命一路之學，以爲背景，而勾勒唐先生孟子詮釋的特色和貢獻以及我們的一些創獲，以爲本論文之結論。最後，抒余之感懷心志，並借品析先賢三首詩詞以表三層境界，而契於唐先生之孤懷。

目　次

第二六冊　眞德秀《大學衍義》之研究

作者簡介

　　康世統，台灣省南投縣人，民國 36 年 2 月生，國立台灣師範大學文學博士，曾任台北市介壽國中、華興中學、師大附中國文教師兼導師；國立台灣師範大學助教、講師、副教授，兼台灣師大總務處秘書、營繕組主任；師大退休後，目前專職銘傳大學應用中文系副教授，著有：《中文應用文》（國立編譯館）、《廣韻韻類考證》（文史哲）、《眞德秀大學衍義之研究》（花木蘭）、〈論假借字之音讀〉、〈大學衍義版本源流考〉（銘傳大學應用中文系國際學術研討會）、《心靈饗宴》（合著，教育部）、《大學國文選》（合編，華泰）、《大專國文選》（合編，幼獅）等等。

提　要

　　乎其後，講習而服行之，正學遂復明於天下，多其力也。眞公之著作極夥，大學衍義乙書乃其薈萃心力所撰述者，其書嘗於理宗端平元年進講矣，自是以降，即成歷代君王治道之資，影響南宋以後之人君極大。惜未有作系統而深入之探討者，此余思研究之者一也。

　　眞公立朝，不滿十年，奏疏無慮數十萬言；宦遊所至，惠政深洽，中外交頌。然有清全祖望評其晚節頗多慚德。一代賢哲，遭此批評，其然乎？其不然乎？此余思有以研究之者二也。

　　大學衍義乙書之著述時間，或云書成於寧宗嘉定十五年（西元一二二二年），或云成於理宗紹定二年（西元一二二九年），或云成於理宗端平元年（西元一二三四年），眾說紛紜，莫衷一是，此余思研究之者三也。

　　大學衍義爲南宋理宗以後經筵進讀之教材，歷代奉爲拱璧者，深山窮谷之

中，亦往往有之，其書流行既廣，板本必富。然今日可得而見者不多，彙集而研究之，以明其流變，實有必要，此余思研究之者四也。

近人朱鴻林氏以為，大學衍義乙書乃針對理宗一人而言，非對南宋政局立說也；其書重點所在，則在「誠心」。大學衍義果為理宗一人而言乎？其思想之特色為何？此余思研究之者五也。

大學衍義書中標舉帝王為治之序，帝王為學之本。其說有無為今日執政者之所參考？有否供後人之借鑑者乎？此余思研究之者六也。

綜此六端，余不揣翦陋，思有以研治之。是書分三部分論述，首為敘論，考述真公德秀之生平事跡，並辨其傳言之是非；探討其書著述之時間，以釐清紛紜之眾說；蒐求各種板本，以明其流傳、演變象。次為本論，探討大學衍義乙書之思想體系，又分兩節論述，於內聖外王之思想中，闡發大學衍義二綱之要旨、四目之要義；於真德秀之論道體、心性與工夫中，闡明其理學思想與工夫特色。末為餘論，探究大學衍義乙書對後代之影響。

是書之撰述，願能有助於對真公德秀其人之瞭解，與夫大學衍義乙書思想體系之建立，俾使吾人於日後研究歷程中有所遵循焉。然訛謬之處，在所難免，博雅君子，幸垂教之。

（按：本論文原名《真德秀大學衍義思想體系》，今逢出版，以其研究：真德秀其人一生之事跡，《大學衍義》一書之板本，及該書之思想體系、對後代之影響。應正名作：《真德秀大學衍義之研究》）

目　次

第二七冊　讖緯學研究

作者簡介

　　林政言，台灣宜蘭人，中國文化大學中國文學研究所博士。求學歷程中受多位老師啓迪教誨，走上中文研究之路，大學時受教於曾榮汾老師，識見中文之寬闊領域，並以民俗學及社會語言學爲主要發展領域。現任教於台中朝陽科技大學。

提　要

　　中國是一個可以把文學史當成政治史來閱讀的國家，幾乎所有中文領域可研究的現象，都與政治有或多或少的牽涉，甚至於以政治的發展來引領文化及文學的發展。春秋以來，中國思想在多家爭鳴的思想時空裡綻放絢麗的花朵，各人皆自成一家之言，使得整個文化思想多采並呈，並發展成爲數千年來的思想基礎。

　　但就社會學的角度來看，思想的發展只是在爲社會的前進作爲註腳，在人類以代議制或是君主制作爲基本的社會管理組織之前提下，政治行爲不可避免地成爲思想發展中的主體，政治正確之後，思想才能有發展空間，儒墨道法皆如是。

　　兩漢在武帝獨尊儒術之前，其實早已將讖緯預決吉凶的概念，落實於政治的操作行爲上，政策上的宣示，只是將過去某些不能公開討論的秘密具體化，並且以不同的形式落實於政治權謀與鬥爭之中而已。

　　本書以歷史爲橫軸，以讖緯思想的發展現象爲縱軸，討論讖緯思想在學術面與文化面的交錯關係，並在此關係中，尋覓出讖緯繼承先秦思想與影響後代政治發展的事實，同時進一步以此基礎勾勒出整個讖緯概念，深化中國文化與政治行爲的全貌。唯作者學力有限，但是此領域的層面影響既深且廣，容有論述未逮或謬誤之處，願以就教方家。

目　次

第二八冊　東漢經學之政治致用論

作者簡介

　　翁麗雪，台灣台中人，國立台灣師範大學國文研究所畢業，現任國立嘉義大學副教授。著有《東漢經術與士風》（碩士論文）、《東漢經學之政治致用論》（獲國科會研究獎勵）專書，以及〈群經用鴈考〉、〈群經中魚文化的物質應用考〉、〈東漢刑法與復仇〉、〈東漢盜賊事略〉有關經學思想研究之論著，其他發表論文如〈古俠考略〉、〈魏晉小說俠義精神考略〉、〈唐代的劍俠〉、〈當莊子寓言變成了四格漫畫〉、〈大學文選〉（合著）等多篇著作。

提　要

　　東漢以經學通朝野上下之志，立時代風尚之綱維，影響所及，士人「所談者仁義，所傳者聖法也。故人識君臣父子之綱，家知違邪歸正之路」，儒學落實於政治人事之實踐，於是社會成其風，朝廷獎其行，人才由此出，政事端是賴，此即儒家「內聖外王之道」、「修己治人之學」，亦即漢儒所謂「通經致用」。

東漢帝王多表彰經術，取士多經明行修之人，非專重其人，而必深考其行，學術與政事結合，儒家在政治上之若干觀念，如愛人、納諫、尊賢、尚德、興學、育才等「仁政」理想，成為現實統治制度之大經大法，亦成為中國歷代儒家之共同政治理想，而東漢士人誠為援引經義，化民成俗之最佳實證。

東漢政治之通經致用，可從政治體系之立與廢，政治事功之封賞與辭讓、政治人才之舉拔、政治之君道與臣道而言，皆緣以經義為其依歸，儒家之政治思想，皆匯集於經書，而東漢君主能突破統治者本身之主觀意斷，以服從經書之指導，使經世之學，領導當代之政事，求諸西方，實所罕見；而東漢士人能承繼其精義，成教化，美風俗，敦性情，礪品節，以形成行仁踐義，知命達禮之德治社會，東漢風俗之美，即由乎此。《易經》曰：「窮則變，變則通，通則久」，對於儒學之與時俱進，機制更新，東漢士人之貢獻昭若日星，璀燦不朽，實有其一定之貢獻與意義。

本文將先釐清經學的歷史意義，藉以明瞭當代通經致用之背景及其意義。其次再分從立廢、封讓、舉才、眞諫等議題，探討經學與政治之相關性，而經學對中國文化之涵攝性，經由當代之闡釋與發明，使經學之微言大義，得以具體地落實，而成為當代修己治人、安身立命之根本憑藉。

目　次

《周易》元亨利貞四德說研究

方中士　著

作者簡介

方中士，1960 年出生，台灣屏東人。1984 年，輔仁大學中國文學系畢業；1987 年，高雄師範大學國文研究所畢業，撰寫碩士論文《周易元亨利貞四德說研究》。1987 年至 1989 年，任教屏東美合護理專科學校；1989 年迄今，任南台科技大學通識教育中心講師。2002 年獲教育部全國文藝創作獎散文獎佳作，2005 年獲教育部全國文藝創作獎首獎；2004、2006、2008 年，獲行政院文建會文薈獎散文獎佳作。

提　　要

　　本論文題目「周易元亨利貞四德說研究」，由劉師文起先生指導完成。全文共約十萬字，分為六章。旨在探究周易乾文言四德說對於易傳義理之意義、價值及其歷史淵源，並由檢討「元亨利貞」四字在周易經傳中之不同字義，而據以說明易學研究者之四德說之得失。

　　第一章緒論，敘述撰寫動機及立場、方法。

　　第二章「四德說之歷史淵源及成立根據」。以思想演進之觀點確定乾文言四德說乃承襲左傳穆姜引語，且是以改易數字及依文託義之方式，完成一天道性命相貫通之天丘合一哲學。並據此以論否定乾文言四德說意義。價值者之誤。

　　第三章「四德說義理析論」，由四德說乃「以仁定元」而闡明四說乃一以價值決定存有之本體宇宙論。並據此以言四德說於易傳實有開宗明義之價值　能使易傳義理不被誤解為客觀天道論。

　　第四章「周易經傳中之元亨利貞字義」，除綜合近人研究周易卦、爻詞中元亨利貞字義之成果外，更進而說說明易傳中元亨利貞之字義。

　　第五章「重要易家四德說之檢討」，乃根據前二章之研究，敘述重要易家四德說之得失。明以乾文言四德說訓解卦、爻辭元亨利貞之方法實誤。再者，由義理言，以無解元及以客觀自然現象說四德者亦誤。

　　第六章「結論」，除綜述前文外，並言本論文之缺失。

目次

自　序

　　「元亨利貞」，《周易・乾卦》之卦辭。〈乾・文言〉以四德釋之，並謂「君子，行此四德者」。因乾爲天，天之生生不息，四時推移，品物流行，自此而皆非徒自然爾爾之創生，而是具含溫煦之道德意義；於人而言，此又示人一不斷上進、擴充之道德踐履歷程，在「自強不息」之推廣中，終可至「與天地合其德」之聖境。是乃《易傳》於一書開宗明義處，示其天人合一之道德進路與義理架構也。

　　又還諸〈乾・文言〉之產生時代言，其時禮崩樂壞，人欲橫流，功利唯我之思想日趨盛熾，有唯君國之利是視而推倒一切仁義之說之法家者流；有委蛇曲阿，縱橫捭闔，而唯個人身家之利益是視之縱橫家者流。而孔門後學，則秉造次顛沛，窮斯不濫之義，於《易傳》中特言「貞固足以幹事」之貞德；並承孔子「老者安之，朋友信之，少者懷之」之志，以言「利者義之和」，以示儒者處亂世之則，能「知進退存亡而不失其正」。此儒者處世之卓然特立。易恒之象曰：「風雷恒，君子以立不易方。」是唯心中有主，貞固於仁者，乃能應變用世，不憂不懼，是或有否極之時，而剝復之機，亦貞下起元之會也。

　　〈文言〉四德之說，既示天人合一之道，又爲君子處世行事之則。於品物之流行，四時之推移，則上本於大生廣生之元；於人之由仁行義，則如孟子所云之「仁義禮智根於心，其生色也，睟然見於面，盎於背，施於四體」，亦是如天之生生，實暢遂不容已，皆有本有根，有體有用。余今草撰此文，所欲彰明者，即此《易傳》四德說所蘊含之天人合一及君子居仁由義之義理。而尚考古昔之書，實亦求所以用諸己也，否則，六經亦陳迹糟粕耳。

　　本文撰寫期間，蒙劉師　文起之殷殷督勵，點化匡正，方得成此學步之作，然以才學之不逮，雖數易其稿，縱有一愚之得，紕纇孔多，爾後但求孜孜勉力學，以答師恩焉。

　　　　　　　　　　　　　　　　　　　　方中士謹誌　民國 76 年 5 月

第一章　緒　論

一、研究目的

今本《周易》，[註1] 以〈乾〉爲首，[註2] 其卦辭爲「元亨利貞」四字。此四字於《周易》「經」、「傳」中出現甚多，而其字義究竟爲何？私以爲若能瞭解《周易》全書首四字之字義，當於瞭解《周易》全書大有俾益。今觀諸《易傳》之〈乾卦・文言傳〉首段六十四字，訓解此四字爲〈乾〉之四德，其文爲：

> 元者，善之長也；亨者，嘉之會也；利者，義之和也；貞者，事之幹也。君子體仁足以長人；嘉會足以合禮；利物足以和義；貞固足以幹事。君子，行此四德者，故曰：〈乾〉，元亨利貞。

此段文字，宋儒伊川曾贊之曰：

> 四德之義，廣矣大矣！（《易傳》，卷一，頁1。）

蓋〈乾・文言〉既謂「元」，爲「善之長」，則吾人可據此以貫通《易傳》他文之義理，使如〈乾卦・彖傳〉之「大哉乾元，萬物資始」，〈坤卦・彖傳〉之「至哉坤元，萬物資生」，〈乾・文言〉之「乾元者，始而亨者也」之「元」

[註1] 今本《周易》〈彖〉、〈象〉二傳分繫六十四卦，〈文言傳〉分繫〈乾〉、〈坤〉二卦下，是出自鄭康成及王弼之手，非古本《周易》之原有組織。詳見戴君仁〈易經的古本〉，《談易》（開明，民國69年），頁123～127。

[註2] 古有《三易》之說，《三易》者《連山》、《歸藏》、《周易》是也。詳見孔穎達《周易正義・序》。《三易》之中，有謂《連山易》以〈艮〉爲首，而《歸藏易》首〈坤〉，今以此二書只留其名，不在此詳論之。本文以《周易》爲研究對象，而《周易》以〈乾〉爲首也。

成爲一價值和創生之本源，而所謂「天地之大德曰生」（〈繫下・一〉）之「德」字方有根據。而吾人亦可由此說「元亨利貞」四德即此「元」之發用。又因人可行此四德以成君子，則天人可合德矣。

是則僅由〈乾・文言〉四德說實已能彰示如方東美先生所析之《易傳》哲理要義：（一）高揭一部萬有含生論之新自然觀，（二）提倡一種性善論之人生觀，（三）發揮一部價值總論，（四）完成一套價值中心之本體論。〔註3〕因之，四德說雖文僅六十四字，然由義理言，卻可使〈乾・文言〉成爲全《周易》哲理一開宗明義之表述。而吾人亦可由此以明何以「〈乾〉、〈坤〉其《易》之門」（〈繫下・六〉）。而本文撰寫目的之一，即在據四德說義理以釐定《易傳》哲理之性格，說明〈乾・文言〉四德說何以可爲解《易傳》義理之綱領與原則。

〈乾・文言〉四德說之義理價值是無庸置疑，然據民國以來學者之研究，《周易》一書「經」與「傳」〔註4〕二部分之時代相隔甚遠。如屬「經」之「卦辭」與「爻辭」，其作者或說爲孔子，〔註5〕或說爲周初不知名之士，〔註6〕而六十四卦本身及原始八卦，又可分別上溯至周文王與包犧氏。〔註7〕至於「傳」之部分，唐代孔穎達謂：「以爲孔子所作，先儒更無異論。」（《周易正義・序》）。宋代歐陽修卻又即就〈乾・文言〉同時有二德、四德之說而謂《易傳》非孔子所作，〔註8〕而民國以後之研究趨勢，多數學者皆主張《十翼》不但非孔子所作，且非出一人一時之作，其產生之時代當在晚周甚或更後。〔註9〕由此而言，《漢書・藝文志》謂《易》之爲書乃「人更三聖，世歷

〔註3〕詳見方東美《中國哲學之精神及其發展》（成均，民國73年），頁146～147。

〔註4〕《周易》之「經」指六十四卦符號及卦、爻辭。「傳」或稱「十翼」，包括：〈彖〉上下，〈象〉上下，〈繫辭〉上下，〈文言〉、〈說卦〉、〈序卦〉、〈雜卦〉。

〔註5〕參見錢基博《周易解題及其讀法》（商務，人人文庫，民國56年），頁12。

〔註6〕顧頡剛〈周易卦爻辭中的故事〉，文見《古史辨》，卷三，頁43；余永梁〈易卦爻辭的時代及其作者〉，文見《古史辨》卷三，頁157～159；屈萬里〈周易卦爻辭成於周武王時考〉，見《書傭論學集》（開明，民國67年），頁7～28。

〔註7〕此說初見《易傳・繫辭下・二》及《史記・周本紀》。

〔註8〕歐陽修《童子問》卷三云：「〈繫辭〉、〈文言〉、〈說卦〉而下，皆非聖人之作，而眾說淆亂，亦非一人之言也……〈文言〉曰：元者，善之長也；亨者，嘉之會也；利者，義之和也；貞者，事之幹也」。是謂乾之四德。又曰：乾元者，始而亨者也；利貞者，性情也。則又非四德矣。」

〔註9〕郭沫若主張《易傳》成書於荀子之後，詳見郭氏〈周易的構成時代〉，文見《青銅時代》，頁68～76。戴君仁則以爲《易傳》先於荀子，見戴氏《談易》（開

三古」，吾人若不拘泥於尊聖之觀念，則可謂《周易》一書乃先人長時期之集體創作，而此書之性質亦當如戴君仁先生所說，是「一部叢書」。〔註 10〕因之，晚周時所成之〈乾・文言〉四德說，是否即爲周初時代卦辭「元亨利貞」之諦當訓解？又是否可據〈乾・文言〉四德說訓解〈乾卦〉以外之六十三卦卦爻辭？據民國以來對卦爻辭中「元亨利貞」四字本義之研究，以爲卦爻辭本爲卜筮之用，「元亨利貞」本是卜筮之詞，本無「德」可言，因而斷言四德說爲附會、穿鑿。〔註 11〕既然如此，吾人當抹殺〈乾・文言〉四德說乎？吾人若欲承認四德說有「廣矣大矣」之價值，則又該如何爲四德說爭取存在之意義及價值？又該如何面對學者考證卦爻辭中之「元亨利貞」本非四德之事實，而愼別《周易》經與傳中「元亨利貞」之意義？今以前人對四德說之討論言，考證卦爻辭中「元亨利貞」之本義者，據其研究所得而謂四德說爲附會穿鑿，似爲一偏之見，而研究《周易》義理之學者，據四德說以解六十四卦之卦爻辭，似又未必。因之，如何使考證學者與義理家之研究心得能各當其位，是本文撰寫目的之二。

　　再者，〈乾・文言〉首段四德說之文字與《左傳・襄公九年》穆姜所引之《周易》文字幾乎雷同，前人於此二文，或藉之以言〈乾・文言〉非孔子所作，或只討論及此二段文字孰前孰後與誰抄襲誰之問題，而未能詳究何以穆姜引語乃釋〈隨卦〉之文至乎〈乾・文言〉卻用以訓釋〈乾卦〉，且未能詳究二段文字中數字之差異所顯示在思想史上之意義、價值，此爲本文研究目的之三。

　　另外，即或承認〈乾・文言〉四德說之存在與意義，然前人除前述有視「元亨利貞」無德可說者外，易學家言四德者亦同〈乾・文言〉中另有「〈乾〉元亨者，始而亨者也；利貞者，性情也」，〔註 12〕及「〈乾〉始能以美利利天

〔註10〕詳見戴君仁《談易》，頁 2～3。

〔註11〕如李鏡池〈周易探原〉，文見《古史辨》卷三，頁 179。高亨〈元亨利貞解〉，見高氏《周易古經通說》（華正，民國 66 年），頁 99。蒙傳銘〈周易「元亨利貞」析論〉（《中國學術年刊》，卷二）。

〔註12〕「乾元」下通本無「亨」字。王引之《經義述聞》（世界，民國 52 年），卷二云：「乾文言，乾元者，始而亨者也。乾元下亦當有亨字。傳先舉經文亨字而後解之，如〈遯・象傳〉曰：遯亨，遯而亨也。〈既濟・象傳〉曰：既濟亨，小者亨也（正義曰：當更有小字），是其倒矣………王弼乾文言注曰：不爲乾元，何能通物之始。是故始而亨者，必乾元也。則魏時乾元下已脫亨字。」

下，不言所言，大矣哉」一文。於是「元亨利貞」或可視爲四德，如《子夏易傳》云：「元，始也；亨，通也；利，和也；貞，正也。」〔註13〕或可視爲二讀，如朱子《易本義》卷一以爲「元亨利貞」是「言具占當得大通，而必利在正固。」歐陽修亦曾據此而謂〈乾‧文言〉既有四德又有二德，以證〈乾‧文言〉非出自孔子。又有謂〈乾‧文言〉以始釋元，以美利釋亨，以利天下釋利，以不言所利釋貞，合四字成一句，而用「大矣哉」總贊之，於是「元亨利貞」似又視爲一乾元利天下之德，不必分爲四德或二德矣。〔註14〕如此，「元亨利貞」光是斷句即有三種異說。另外，從義理上說，亦有四德、二德、一德之爭論，如周濂溪《通書》卷一：

> 元亨，誠之通也；利貞，誠之復也。

此是將四德截分爲二德。另《白雲郭氏易傳》卷一云：

> 文言之初言四德，後又曰：乾元者，始而亨者也；利貞者，性情也。
> 又觀餘卦，利牝馬之貞，利君子貞之類，則疑其以元亨二德爲一，
> 利貞二德爲一矣。蓋自《易》論之，則元與亨，陽之類也；利與貞，
> 陰之類也。是猶春夏秋冬，雖寫四時，由陰陽觀之，則春夏爲陽，
> 秋冬爲陰。是以四德或爲二義可也。

此乃以陰陽之觀念將四德截分爲二。然以陰陽視四德當否？朱子曾謂：

> 「元亨利貞」在這裡都具了。楊宗範却說「元亨屬陽，利貞屬陰」，
> 此卻不是。〈乾〉之利貞，是陽中之陰；〈坤〉之元亨，是陰中之陽。
> 〈乾〉後三畫是陰，〈坤〉前三畫是陽。（《朱子語類》，卷六十八）。

此又是因慮及〈坤卦〉亦有四德而〈坤〉又是陰卦，故不以元亨爲陽、利貞爲陰。另外，程伊川嘗謂：

> 夫《易》卦之德曰元亨利貞，或爲四，曰：元也、亨也、利也、正
> 也；或爲二，曰：大亨也，利於正也。其辭既同，義可異乎？所以
> 異者何謂？（引自《周易集粹》，卷一）。

是以爲從義理言，本不必因文字之異而強分四德或二德。民國熊十力即從義理論此曰：

今據此補亨字。

〔註13〕 所引之《子夏易傳》，採自唐李鼎祚《周易集解》所引。另，孔氏《周易正義》疏中所引同。今本《子夏易傳》乃僞書，詳見張心澂《僞書通考》（宏業，民國 68 年），頁 80。

〔註14〕 此釋參自黃慶萱先生《周易讀本》（三民，民國 73 年）頁 6。

亨、利、貞，皆元也。乾元即仁體，亨利貞，皆仁體之發現，故曰
皆元也。若將四德截作四片說去，便是剖析物質之見，只緣不識仁
體故耳。(《讀經示要》，卷一，頁 64)。

此是以爲亨、利、貞皆不可離乾元而獨立，不可視爲各自分別之體段。由上
之所引諸說，研《易》者亦可因其不同立場、觀點分爲四德、二德、一德，
而其所言之義理復亦不同，則吾人又當如何面對如此紛紜眾說？如何抉擇疏
通之以得〈乾‧文言〉四德說之眞義？此是本文撰述目的之四。

　　總上所述，本文撰寫之目的端在闡發〈乾‧文言〉四德之奧義，並對歷
來重要易家之見解重新疏通，而尤在意於析分「經」與「傳」中「元亨利貞」
之不同字義。希望經由本文之研究，能對歷來眾說紛紜之四德說見解得一較
合理之安排與釐清。並由此以見出〈乾‧文言〉可爲理解《易傳》哲理之總
綱領與原則。以下共分四章討論之。第二章旨在由〈乾‧文言〉四德說與《左
傳》穆姜引語之比較，以明四德說之出現有其思想史發展之必然性，從此以
確立四德說雖不合「元亨利貞」本義，卻仍有其存在之意義與價值，以證學
者因其不合「元亨利貞」之本義而謂之附會、穿鑿，實不明〈乾‧文言〉四
德說之思想史意義與解經性質。第三章，由四德說「以仁定元」之義理，申
論四德說可有理解並確立《易傳》「天道性命相貫通」之哲理之價值，並由此
言四德說不可以春夏秋冬等自然宇宙現象附會之。第四章，乃綜合前人對卦、
爻辭中「元亨利貞」字義之探討，以明卦、爻辭與《易傳》中「元亨利貞」
之不同字義。第五章，乃承第三章、第四章之說，以探討是否可據四德說通
貫卦、爻辭中之「元亨利貞」，及歷來言四德說義理者之是非。

二、研究方法

　　本文之撰寫方法，兼有義理與考證，由通過具有歷史觀點之溯源及批判，
求重新安排前人對四德說之見解。另以歸納法試求《周易》「經」、「傳」中「元
亨利貞」之字義。希望能對在《周易》中出現甚多之「元亨利貞」四字及〈乾‧
文言〉四德說有一較合理之說明。

第二章　四德說之歷史淵源及成立根據

第一節　〈乾・文言〉四德說與穆姜引文之比較意義

一、〈乾・文言〉四德說與《易傳》

　　《周易》以〈乾〉為首，〈乾卦〉卦辭為「元亨利貞」四字，此四字於《周易》卦辭、爻辭中，為數甚多，並有〈坤〉、〈屯〉、〈隨〉、〈臨〉、〈無妄〉、〈革〉等六卦卦辭與〈乾卦〉同具此四字，唯異者，〈坤卦〉等除此四字外皆有餘辭餘事繫之，如〈坤〉：「元亨，利牝馬之貞」、〈屯〉：「元亨利貞。勿用有攸往，利建侯」、〈隨〉：「元亨利貞，元咎」……。而所以如此者，孔穎達謂：

> 諸卦之中亦有四德，但餘卦四德有劣於〈乾〉，故〈乾卦〉直云四德，更無所言，欲見〈乾〉之四德無所不包，其餘卦四德之下，則更有餘事，以四德狹劣，故以餘事繫之，即〈坤卦〉之類是也。亦有四德之上，即論餘事，若〈革卦〉云「巳日乃孚，元亨利貞，悔亡。」也，由「乃孚」之後，有「元亨利貞」，乃得「悔亡」也。（《周易正義》，卷一，〈乾・文言・疏〉，頁 11）

孔氏此乃以〈乾〉「無所不包」釋〈乾〉之四德與其他六卦四德何以有異，所說有《易傳》可據。蓋《周易》以乾為天（〈說卦傳〉第十一章），而「有天地然後萬物生焉」（〈序卦傳〉），故其德可謂「無所不包」，而其餘之卦，則有所專指，但其德可言「狹」，然恐不必言「劣」也。

　　以乾德「無所不包」，又為《周易》之首卦，故有〈文言〉之作以彰其

深遠含義，而可爲《周易》一書開宗立義，於焉「元亨利貞」四字可爲瞭解
《周易》一書天人合德之門戶。此乃「統之有宗，會之有元」之義理表徵。
而以區區首四字見令書之宗旨，則《易傳》編撰者用心之邃密亦可由此見矣。
近世大儒馬一浮先生曾言：「不有《十翼》，《易》其終爲卜筮之書乎！」（《復
性書院講錄》卷六）《易傳》者，總《十翼》之名也。孔穎達《周易正義·
序》云：「上彖一，下彖二，上象三，下象四，上繫五，下繫六，文言七，
說卦八，序卦九，雜卦十。」此實爲解《易》教之正宗，而〈乾·文言〉首
段以四德解全書首四字，則更是可爲解《易傳》之不二法門。孔疏云：

> 〈文言〉者，是夫子第七翼也，以〈乾〉、〈坤〉其《易》之門戶邪，
> 其餘諸卦及爻皆從〈乾〉、〈坤〉而出，義理深奧，故特作〈文言〉
> 以開釋之。（《周易正義》，卷一，〈乾·文言·疏〉）

是則吾人可由〈乾·文言〉之釋「元亨利貞」以握《周易》全書之玄珠。而
此即爲本文之所以作也。〈乾·文言〉釋「元亨利貞」云：

> 元者，善之長也；亨者，嘉之會也；利者，義之和也；貞者，事之
> 幹也。君子體仁足以長人，嘉會足以合禮；利物足以和義；貞固足
> 以幹事。君子，行此四德者。故曰：乾，元、亨、利、貞。

此解「元亨利貞」爲四德。而以乾爲天，則四德是天創生萬物之德；下言「君
子，行此四德者」，則人可行行天之四德，而天人可同德矣。是人可趨天人合一
之聖境，故〈乾·文言〉又云：

> 夫大人者，與天地合其德，與日月合其明，與四時合其序，與鬼神
> 合其吉凶。先天而天弗違，後天而奉天時，天且弗違，而況於人乎？
> 況於鬼神乎？

此文之「大人」即〈乾·文言〉四德說中之「君子」，亦是《易傳》中之「聖
人」。〔註1〕言「與日月合其明，與四時合其序，與鬼神合其吉凶」者，非謂
人之神通廣大，乃言人經由「體仁」到「合禮」、「和義」、「利物」而「幹事」，
內聖而外王之步步擴充，推廣道德心之感通潤生之能，而與全幅是仁恩昭著
之生生四德相合矣。以此，宋儒程伊川之《易傳》乃贊之曰：「四德之義，廣
矣大矣！」牟宗三先生亦據此四德說暢論《易傳》之終始、生成義，及天道
性命相貫通之「道德的形上學」，其言曰：

〔註1〕孔穎達《周易正義》謂：「君子，謂聖人也。」（卷七，頁12）於《易傳》中，
　　　　大人、君子、聖人皆是理想人格語，意當可互通。

乾爲萬物之「始」，故曰元。此元或始是價值觀念，不是時間觀念。
順時間追溯，無元無始。此唯以透顯創造性爲始。眼前能透顯創造
性（眞實生命），眼前即有始。故始是價值觀念，代表逆反之覺悟。
不是時間觀念，即不是順時變而拉長以求其始。有此善始（故〈文
言〉曰：元者善之長），故能亨。亨是通。此通是内通。即，内在於
此元而有不滯不礙之圓幾。有圓幾之通，故能利。此利是利刃之利，
代表「向性」。亨是内通，利即外通。外通而有向性，即能成萬物
而各正其性命，此即所謂「貞」。至各正性命便是善終。……故元亨
利貞根本就是乾道變化之終始歷程。不能至各正性命，不能見利貞。
此表示乾道大用，不是一虛脱流，乃是一成物之過程。其創造非是
空無之妄變，乃是實德成物之流行。〔註2〕

牟先生解，頗能說明〈乾‧文言〉以「善之長」釋「元」之奧義。蓋此乃以
「價值決定存有」之進路，使乾元之創生非機械地、無意義之生生歷程，使
天地萬象皆具有道德意義。而乾元亦即人之内在道德主體，即仁，如此，則
提供了一「自然與當然之合一」〔註3〕之必然性。

二、〈乾‧文言〉四德說與《左傳》穆姜引文比較之意義

　　綜合上述，可知〈乾‧文言〉四德說實涵甚深遠廣大之義理。然而此義
理完備之文字，與《左傳‧襄公九年》（西元前564年）之穆姜引述語幾乎雷
同，則二者之承傳關係爲何？其文字上之異處所彰顯之意義爲何？

　　就先秦《周易》經傳之形成視之，《左傳》之四德說乃釋〈隨卦〉，而今
之《周易》卻又移之以釋〈乾卦〉，此又顯示何種意義？此等問題似皆爲說
《易》者所忽視，於是含混之說甚夥，而由此二文比較可得之思想發展脈絡
亦闇而不彰。竊以爲《周易》經傳乃先人長期累積之智慧結晶，故《漢書‧
藝文志》言《易》乃「人更三聖，世歷之古。」在長期之演進中，必因時代

〔註2〕見牟宗三先生《才性與玄理》（台北：學生，民國72年），頁105。另可參其
　　　　《心體與性體》（台北：正中，民國72年）冊一，頁325～336。
〔註3〕語見余雄《中國哲學概論》（台北：源成，民國66年），「元亨利貞解」，頁573。
　　　　此語可表彰《易傳》依道德主體使道德界與存在界合一之義理性格。益《易
　　　　傳》根本是一對于創生本體及生生現象作道德決定之哲學，即根本上是以道
　　　　德本心（即仁），對于「自然」賦予善之意義，使「自然」即「當然」之價值
　　　　表現。

－9－

精神、思想之改變、豐富其內容，此實可以此二段文字之比較作爲例證。今試以〈乾‧文言〉四德說與《左傳》穆姜引文比較，竊以爲〈乾‧文言〉乃《易傳》之編撰者承襲《左傳》之文，而又以改異數字及移置〈乾卦〉之方式，將四德說賦與全然不同之意義，而藉以爲《周易》一書精神之闡釋。孔子嘗自言「述而不作」（《論語‧述而》），其實，「述」非「傳舊」或「循舊」，乃推衍或繼續發展之義，即以仁爲統攝之原則加以整理，故「述而不作」者，是循前人之道路作更進之發展而不另作新之聞端。孟子謂孔子爲「集大成」（《孟子‧萬章下》），惟其述而不作，故可集前人之大成也。由〈乾‧文言〉之改造《左傳》四德說，亦可見出此種表面「述而不作」實則寓「作」於「述」之中之方式。爲方便比較，不避文繁，先引錄《左傳‧襄公九年》四德說於下：

> 穆姜薨於東宮。始往而筮之，遇〈艮〉之八䷳。史曰：「是謂〈艮〉之〈隨〉䷐。〈隨〉，其出也。君必速出！」姜曰：「亡！是於《周易》曰：『〈隨〉，元、亨、利、貞，無咎。』元，體之長也；亨，嘉之會也；利，義之和也；貞，事之幹也。體仁足以長人；嘉德足以合禮；利物足以和義；貞固足以幹事。然，故不可誣也，是以雖〈隨〉無咎。今我婦人，而與於亂。固在下位，而有不仁，不可謂元。不靖國家，不可謂亨。作而害身，不可謂利。棄位而姣，不可謂貞。有四德者，〈隨〉而無咎。我皆無之，豈〈隨〉也哉？我則取惡，能無咎乎？必死於此，弗得出矣。」

下文便就《左傳》此文所透顯之精神、意義，及與〈乾‧文言〉之四德說之比較分節詳述之。

第二節　由筮法論穆姜引文當先於〈乾‧文言〉

今之《周易》中，陽爻、陰爻皆以「九」、「六」稱之，而《左傳‧襄公九年》所載，由〈艮〉䷳卦五爻皆變，唯第二爻不變，而得〈隨〉䷐卦，不言「〈艮〉之〈隨〉」而曰「〈艮〉之八」，與《周易》用「九」用「六」之例不同，而穆姜又引《周易》卦辭言四德，此矛盾處，諸說甚紛紜，《左傳》杜預注云：

> 《周禮》，太卜掌《三易》，然則雜用《連山》、《歸藏》、《周易》，二

易（案：謂《連山》、《歸藏》）皆以七、八爲占，故言遇〈艮〉之八。

（《春秋左傳注疏》，卷三十）

案：杜預此說不確。蓋《三易》之說，首出《周禮》一書，實後人緣附僞造。

《周禮・太卜》謂：

> 太卜掌三兆之法，一曰玉兆，二曰瓦兆，三曰原兆。其經兆之體，
> 皆百有二十，其頌皆千有二百。

若以現時發現之甲骨言，貞辭甚多，然無此中所云之預設之體，更無預定之頌，則上述之數字想必是後人附會捏造。又近人考證，至商代尙無八卦，只有卜而無筮，〔註4〕則何來《連山》、《歸藏》？另《周禮・太卜》言《三易》是：

> 掌《三易》之法，一曰《連山》，二曰《歸藏》，三曰《周易》。其經
> 卦皆八，其別皆六十有四。

又《周禮・簭人》：

> 簭人掌《三易》以辨九簭之名。一曰《連山》，二曰《歸藏》，三曰
> 《周易》。九簭之名，一曰巫更，二曰巫咸，三曰巫式，四曰巫目，
> 五曰巫易，六曰巫比，七曰巫祠，八曰巫參，九曰巫環，以辨吉凶。

此中之《連山》、《歸藏》，今人已確知其僞，則襄公九年此文中之筮法當作何解釋？《左傳》孔疏於此則不以杜注爲然，孔疏云：

> 〈洪範〉言卜筮之法，三人占則從二人之言。孔安國云：「夏殷周卜
> 筮各異，三法並卜，從二人之言，是言筮用《三易》之事也。」太
> 卜周官而職掌《三易》，然則周世之卜雜用《連山》、《歸藏》、《周易》
> 也。《周易》之爻，唯有九六，此筮乃言「〈艮〉之八」，二《易》皆
> 以七八爲占，故此筮遇八，謂〈艮〉之第二爻不變者是八也。揲著
> 求爻，〈繫辭〉有法，其揲所得有七八九六，說者謂七爲少陽，八爲
> 少陰，其爻不變也；九爲老陽，六爲老陰，其爻皆變也。《周易》以
> 變爲占……《連山》、《歸藏》以不變爲占，占七八之爻。二《易》
> 並亡，不知實然否？世有《歸藏易》者，僞妄之書，非殷《易》也。
> 假令二《易》俱占七八，亦不知此筮爲用《連山》亦爲用《歸藏》？
> 所云「遇〈艮〉之八」，不知意何？所道以爲先代之《易》，其言亦
> 無所據，賈、鄭先儒相傳云耳。先儒以爲此《易》者，此言遇〈艮〉

〔註4〕見余永梁〈易卦爻辭的時代及其作者〉，收在《古史辨》第三冊。另參徐復觀
《中國經學史的基礎》（學生，民國71年），頁20～21。

之八，下文穆姜云：「是於《周易》」；〈晉語〉公子重耳筮得〈貞〉、
〈屯〉、〈悔〉、〈豫〉皆八，其下司空季子云：「是在《周易》」，並於
遇八之下別言《周易》，知此遇八非《周易》也。（《春秋左傳注疏》，
卷三十）

由此知道孔穎達已知其時所見之《連山》、《歸藏》乃僞妄之書，然仍以爲於
春秋時有《連山》、《歸藏》，其不滿杜注者，唯其含混指爲用《連山》、《歸
藏》耳，故其結論言「非《周易》」。孔說雖較杜預正確，但是於「〈艮〉之
八」與今之《周易》用九六之問題仍未解決。清人惠棟《易例》二「九六義」
則云：

古文《易》上下本無初九、初六及用九、用六之文，故《左傳·
昭二十九年》蔡墨述《周易》，于〈乾〉初九則曰〈乾〉之〈姤〉
（案：〈乾〉初九變而爲初六，即成〈姤〉卦。「〈乾〉之〈姤〉」，
即謂〈乾〉變而爲〈姤卦〉之一爻，亦即指〈乾〉之初九）。於用
九，則曰其坤。說者謂初九、初六，皆漢人所加。然夫子《十翼》，
子坤傳曰：六二之動。大有傳曰：初九。〈文言〉曰：〈乾〉元用九。
則初九、初六，用九、用六之名，夫子時已有，當不始於漢也。

惠氏言古《易》原無初九、初六、用九、用六之名，可證之《左傳》、《國語》
筮例，然以其信《十翼》爲孔子作，故以爲孔子時已有初九、初六、用九、
用六之名，似不妥。蓋《十翼》者，乃孔門後學所作，實非孔子手作。今考
諸先秦典籍，《左傳》、《國語》及戰國中期以前，引《易》者有以象說以義理
說者，〔註5〕皆未以九六標示爻的陰陽及由初、二、三、四、五、上等標示爻
之順位，則今所見之《周易》，有初九、初六、用九、用六之名，知當較「用
八」之筮例爲後。如此，則孔疏所言之「非《周易》」似可解爲非後人所見有
用九、六之名之《周易》。另外，孔疏中引孔安國釋〈洪範〉中「三人占則從
二人之言」，以言夏、殷、周三代不同之筮法，亦有未妥。蓋〈洪範〉中之「三
人」不必是周禮中之三代筮法，宋人蔡沈《書經集傳》云：

凡卜筮必立三人以相參考。舊說卜有玉兆、瓦兆、原兆，筮用《連
山》、《歸藏》、《周易》者，非是。謂之三人，非三卜筮也。

蔡沈於此所駁甚是。蓋〈洪範〉言「三人占」者，是指卜筮之事當愼之深而

〔註5〕 《左傳》、《國語》易例參見屈萬里先生《先秦漢魏易例述評》（學生，民國64
年），頁65。

從其多者之意，其精神乃取決於人而非卜筮，故下文稱「汝則有大疑，謀及乃心，謀及卿士，謀及庶人，謀及卜筮。」謂「三人占」乃《連山》、《歸藏》、《周易》者，實因《周禮》三易之說而附會之。

　　從以上之討論，竊以為藉襄公九年之筮例與今《周易·乾·文言》之比較後，可得如下之結論：

　　（一）襄公九年之「〈艮〉之八」，只能視為與今所見《周易》不同之筮法，實不必指為《連山》或《歸藏》易。

　　（二）由《左傳》、《國語》中所載之筮例言，其時尚未以九、六、初、上等標明爻之性質、位置，甚或卦、爻辭與今見之《周易》亦有不同，如《左傳·僖公十五年》「……故秦伯伐晉，卜徒父筮之，吉……，其卦遇〈蠱〉☶☴曰：『千乘三去。三去之餘，獲其雄狐。……』」與今見〈蠱卦〉卦辭不同，杜預注曰：「公筮之，史曰吉。其卦遇〈復〉曰：『南國蹙，射其元王，中厥目』」，亦與今見之〈復卦〉卦爻辭不同。由此可見，春秋時之《周易》尚未完成定式，〔註6〕而今之《周易》乃由後人加以編纂整理所成。故襄公九年穆姜所引之《周易》乃釋〈隨卦〉，筮法「用八」，而今則見諸〈乾·文言〉以釋〈乾卦〉卦辭，且入用九用六之定式《周易》中，由此種改移，足以為〈乾·文言〉乃援引《左傳》文之旁證，而其產生年代當在春秋之後。

第三節　穆姜四德說之人文精神及與《易傳》關係

一、穆姜四德說之人文精神

　　吾人由前引穆姜語中，實可見出穆姜時之《周易》已由宗教卜筮《易》轉為重人文道德的義理《易》，釋「元亨利貞」為四德，而為〈乾·文言〉作者相承並改造之。是故《左傳》穆姜語所透顯之《易》學史上之意義，乃在其人文精神及對傳統卜筮《易》之改造，此點可由穆姜與史官之對答中見出。其時史官依所筮而解釋之「〈隨〉，其出也，君必速出！」並不為穆姜所採信，反而依其主觀之反省而另引不同之解釋以說明自己之立場與結局。就此而

〔註6〕《晉書·束晳傳》：「太康二年，汲郡人不準盜發魏襄王墓，或言安釐王家，得竹書數十車……其《易經》二篇與《周易》上下經同，易繇陰陽卦二篇與《周易》略同，繇辭則異，卦下《易經》一篇似說卦而異……。」此可證魏襄王時之《周易》與今見《周易》在繇辭上仍不同。

言，筮術《易》之權威已盡，而代表以德之有無決定人事吉凶之新精神乃成新《易》學。〔註7〕吾人實可視穆姜四德説爲後世儒家義理《易》之先導。是時之人已不再單純地以卜筮之結果決定行事，即其時之卜筮者已掙脱「決定論」之觀念，卜筮者已將吉凶決諸於德性，亦即訴諸價值之自我抉擇，以下即略述穆姜語中之人文精神。

　　吾人由穆姜解「〈隨〉，元亨利貞，無咎」爲若行此四德，雖遇〈隨〉卦，亦無咎殃。然穆姜自省其行事，實全悖此四德，乃云：「有四德者，〈隨〉而無咎。我皆無之，豈〈隨〉也哉？（案：隨，出也）我則取惡，能無咎乎？必死於此，弗得出矣。」此與代表卜筮解釋之權威——史者之精神迥異。

　　穆姜者，成公之母，襄公之祖母，先與叔孫僑如私通，而欲聽從僑如之意以公子偃、公子鉏二庶子代季氏、孟氏，甚至欲廢魯成公（事詳成公十六年傳），其行事淆亂魯國之政，使國家陷於爭位之亂局，其結果被迫拘遷於東宮，實可謂淫亂之婦人。其德既已敗覆，母子之情亦絕，故必爲國人所棄，故雖卜得〈隨卦〉，若依太史之意，隨者出也，只須出奔即可無災咎，然穆姜知吉凶在乎人而非在天，雖出奔無益矣。究其心意，足知其心中已由反省而有道德自覺之活動。

　　吾人若就掙脱傳統神道思想而以人之道德有無定吉凶言，可稱之爲一人文精神，而《左傳・襄公九年》此文所云，即爲此一精神最佳例證。人文精神者，人間事之得失禍福由人之自由意志所負責、主宰之精神也。此精神自西周初年已乍顯曙光，逮乎春秋時代，業已成時代精神之代表。〔註8〕以《周易》言，其書之完備乃經過長久時間集體創作而成，是如《漢志》所云：「人歷三聖，世歷三古」。故其精神亦隨時代之演進而由神道思想轉爲人文思想。此吾人可由其原爲卜筮之用之卦爻辭而演進到充滿哲理之《易傳》得知。故由《周易》之演進，所作爲中國人文思想從萌芽到成熟之具體表徵。如〈繫辭傳・下〉云：

　　《易》之興也，其於中古乎？作《易》者其有憂患乎？（〈繫下〉・
　　七）

〔註7〕此參高懷民《先秦易學史》（中國學術著作獎助委員會叢書，民國64年），第四章第五節〈筮術易的衰微〉。

〔註8〕此參見林載爵〈人的自覺——人文思想的興起〉，文見《中國文化新論・根源篇・永恒的巨流》（聯經，民國72年）。

又云：

> 《易》之興也，其當殷之末世，周之盛德邪？當文王與紂之事耶？
> 是故其辭危。（〈繫下〉・十一）

此種憂患意識，及相對憂患意識之戒懼心正是人文思想發展之一基礎。〔註9〕
此外，吾人亦可由周初時代之卦爻辭中發現其用途本僅是指示人依卜辭行事
以趨吉避凶，然其中實已有孕育後世義理《易》之種子，如爻辭中之：

> 〈乾卦〉上九：亢龍有悔。
> 〈乾卦〉九三：君子終日乾乾，夕惕若厲，無咎。
> 〈坤卦〉初六：履霜，堅冰至。
> 〈訟卦〉初六：不永所事，小有言，終吉。
> 〈訟卦〉六三：食舊德，貞厲，終吉。
> 〈師卦〉初六：師出以律，否臧凶。
> 〈泰卦〉九三：無平不陂，无往不復。
> 〈謙卦〉初六：謙謙君子，用涉大川，吉。
> 〈謙卦〉九三：勞謙，君子有終，吉。
> 〈觀卦〉初六：童觀，小人無咎，君子吝。
> 〈復卦〉初九：不遠復，無祗悔，元吉。
> 〈大畜卦〉六四：童牛之牿，元吉。
> 〈咸卦〉九四：貞吉，悔亡。憧憧往來，朋從爾思。
> 〈恒卦〉九三：不恒其德，或承之羞；貞吝。
> 〈蹇卦〉六二：王臣蹇蹇，匪躬之故。
> 〈家人卦〉九三：家人嗃嗃，悔厲，吉；婦子嘻嘻，終吝。
> 〈解卦〉六三：負且乘，致寇至；貞吝。
> 〈損卦〉六三：三人行，則損一人；一人行，則得其友。
> 〈革卦〉九四：悔亡，有孚改命，吉。

卦辭中如：

> 〈訟卦〉：有孚窒惕，中吉，終凶。
> 〈觀卦〉：盥而不薦，有孚顒若。
> 〈坎卦〉：習坎，有孚，維心亨，行有尚。

〔註9〕參見徐復觀《中國人性論史》（台北：商務，民國72年），第二章〈周初宗教中人文精神的躍動〉。

〈困卦〉：困：亨；貞，大人吉，無咎，有言不信。

以上卦爻辭實可視爲先人於生活經驗中所得之道德格言與戒律，其精神實已和《易傳》中〈坤・文言〉之「積善之家，必有餘慶；積不善之家，必有餘殃」相似，乃戒人愼始或貞正或訟爭……。〔註 10〕是已透出吉凶由人之德而非純靠卜筮之決定也。

以德決吉凶之精神，如上所述，是逐漸演進的，《左傳・襄公九年》之筮例可視爲由卜筮定吉凶到以德決吉凶之轉換期之例證。其精神後爲《易傳》所承襲發揚，如〈繫辭下〉云：

君子安而不忘危，存而不忘亡，治而不忘亂，是以身安而國家可保也。

這已明顯指出人之行爲決定吉凶禍福，如以戒愼之心養成「臨事而懼」之行事態度，可使人「身安而國家可保」。另外，如〈繫辭〉上下中假託「子曰」說解者共十八處，所談皆人事，皆據爻辭說明人之行爲應當如何。吾人可由此知《周易》一書精神演進之主線，並可知《周易》一書之精神、觀念乃由演進而漸至完備。

二、《易傳》非「決定論」辯

由前所述，吾人可討論在《易傳》之人文精神灌注，改造下之《周易》是否仍爲「決定論」之問題。今人勞思光先生視《周易》存有「決定論」與「自由意志」同時並存之矛盾，其言曰：

（占卜）本意自然在於一方面以卦爻標示宇宙秩序及人生之各階段，另一方面對人在各階段應如何自處作一說明，此所謂「卜以決疑」也。但此處有一關鍵問題，即是：「宇宙秩序」是否與「人事規律」相應？占卜之書通常只假定此種相應關係而未能說明；〈繫辭〉之主要理論即在於說明此種相應關係。而其說明之方式，則是將「自然事象」與「自覺活動」兩個領域，看作受同一原理或規律支配者。

又曰：

凡占卜或類似占卜之理論，皆必涉及「決定論」與「自由意志」之問題，《易傳》亦不例外。《易傳》對此問題雖無明確解釋，但觀其內容，可知此兩面均被《易傳》理論所預認。〔註 11〕

〔註 10〕此參戴君仁《談易》（台北：開明，民國 69 年），頁 7～8。
〔註 11〕所引俱見勞思光《中國哲學史》（香港，崇基書院，1980 年），第二卷，頁 91、

由上所引，勞氏以爲《易傳》一方面肯定，存在過程一切皆已決定，即外在世界有一被決定之秩序、歷程，此是預認「決定論」。另一方面，人之「知」此秩序、歷程是多少則未被決定，人可由占卜助人之「知」，此即窺知天地神化之幾，故〈繫辭〉有云：「極數知來之謂占。」（〈繫上〉・五）又有云：「知變化之道者，其知神之所爲乎？」（〈繫上〉・八），然既已有決定之秩序、歷程，則知未來之秩序、歷程又有何意義？若卜筮之用在預知禍福以決定或改變自己的行事而求吉避凶，那麼此又預設人有改造自己之「自由意志」，只是透過占卜以定吉凶，此決定仍不來自主體之自我抉擇、判斷，即非自由意志之表現，反而是自由意志之自我取消。若以此視《易傳》，則《易傳》豈非只是「決定論」，而《易傳》中眾多之道德提示語之意義又如何安放？〈乾卦・文言傳〉云：「知進退存亡而不失其正者，其唯聖人乎。」所提示者非徒知進退存亡而已；乃是人處進退存亡之際能不失正道能合乎正道，則可「捨身取義，殺身成仁」。死，禍之至極也，而可以死者，求正道也。求之者，內心之權衡也。是以若純以「決定論」視《易傳》，則將抹殺《易傳》之真價值。愚意以爲《易傳》中固不乏預言吉凶之占卜理論，然貫串《易傳》之主要精神者，卻是人之吉凶與否乃由人之修德與否決定，占卜者只是參考提醒。〈繫辭上〉第二章云：

> 聖人設卦觀象，繫辭焉而明吉凶，剛柔相推而生變化。是故吉凶者，
> 失得之象也；悔吝者，憂虞之象也。變化者，進退之象也，剛柔者，
> 晝夜之象也。六爻之動，三極之道也。是故君子所居而安者，《易》
> 之序也；所樂而玩者，爻之辭也。是故君子居則觀其象而玩其辭，
> 動則觀其變而玩其占，是以自天佑之，吉无不利。

就此章而言，似確有同時承認「決定論」與「自由意志」及混淆「應然」與「實然」、「必然」之嫌。〔註12〕因能「失得」、「憂虞」者須訴諸人之「自由意志」之價值判斷，即屬道德考慮問題，而「剛柔」、「晝夜」之變化又屬於自然事象之規律，是可被觀察、預知，亦可說是被決定之秩序。然而，〈繫辭傳上〉第三章又有云：

〔註12〕「應然」者，乃「應該」或「不應該」之「價值問題」，須訴諸「自由意志」之判斷抉擇。「實然」指涉外在世界之「事實」，「必然」則指涉外在世界的規律，可由知覺能力及推理獲得。三者須分別。關於此問題，可參〔註22〕所引書，頁108～109。另可參黃慶明《實然應然問題探微》（台北：鵝湖，民國74年），第四章〈自然主義的謬誤〉。

> 吉凶者，言乎其失得也，悔吝者，言乎其小疵也；無咎者，善補過
> 也。……憂悔吝者存乎介，震无咎者存乎悔。

是則依《易傳》言，人之得无咎者，乃因小疵而悔，因悔而補過。故《易傳》言吉凶乃訴諸人之「補過」之道德意識抉擇，即主張以修德與否定吉凶。而人之觀象玩辭、觀變玩占之目的乃在修德以補過，不是純依卜筮之指示求趨吉避凶也。至於《易傳》中雖有同時涉及「實然」與「應然」二層面之語辭，但吾人當知在〈乾·文言〉以「善之長」釋「元」後，「實然」之宇宙秩序已點化爲道德秩序，而無「實然」與「應然」二層面混淆或矛盾之問題。故言吉凶與價值問題雖訴諸占卜，然占卜是用以修德定志也。又何況「價值」只能來自於主體之自由抉擇，不能外爍於支配存在界之已定自然律。自然律是不能提供人生之價值規範，在《易傳》，尤其是〈象傳〉，只能說人可以選擇提供啓示作用之自然律爲價值典範。以四德説爲例，在「君子行此四德者」之價值追求下，〈乾〉元創生萬物之「元亨利貞」四德乃以「價值」之身份納入人之主體，爲人所仿效。另外，在人之道德意識觀照下，本來森然冰冷之宇宙生生現象乃化爲一充溢道德意義之生生歷程，而成就〈乾〉元之「四德」。若依此義，則又何有「實然」與「應然」之矛盾？故從以德定吉凶及自然與應然二方面言，《易傳》實無所謂「決定論」，反而是充溢著提示人積極修德以避災咎之精神。宋儒張載《易傳》，卷一有云：

> 《易》爲君子謀，不爲小人謀。

王船山《周易內傳發例》釋此曰：

> 《易》爲君子謀，不爲小人謀。君子之謀於《易》，非欲知吉凶而已，
> 所以知憂、知懼，而知所擇執也。故曰：「无有師保，如臨父母。」

同書又云：

> 若夫《易》之爲道，即象以見理，即理之得失以定占之吉凶。

另外，清儒焦循亦謂：

> 《易》之爲書，聖人教人改過之書也。窮可以通，死可以生，亂可
> 以治，絕可以續；故曰爲衰世而作。達則本以治世，不得誘於時運
> 之無可爲；窮則本以治身，不得謝以氣質之不能化。孔子曰：「假我
> 以數年，五十以學《易》，可以無大過矣。」此聖人括《易》之全而
> 言之。又舉〈恒〉九三「不恒其德，或承之羞」，斷之曰：「不占而
> 已矣」。占者變也，恒者久也，羞者過也。能變通則可久，可久則無

大過；不可久則至大過。所以不可久而至於大過，由於不能變通；
變通者，改過之謂也。此韋編三絕之後，默契乎義，文之意以示天
下後世之學《易》者，捨此而言《易》，詎知《易》哉？（《易圖略·
時行圖後》）

以上所引，具彰明《易傳》雖言占卜、吉凶，然骨子內之精神實非探知天意
（已決定之規律）以求避凶趨吉，而是藉占卜求修德補過，此則必訴諸主體
之自由抉擇才有也。

另外，吾人若由襄公九年之筮例言，當知《周易》之演進歷史方向，乃
是走向以德決吉凶之義理易。就襄公九年之筮例中所含之精神，日人竹添光
鴻氏之《左傳會箋》卷十四於「是以雖〈隨〉無咎」下注曰：

是以二字可玩。必有足以長人之實，而後可稱元也；雖利物，其利不
廣而不足以和上下之義，則不可謂利也；雖曰貞固，苟無幹事之實，
則是誣無以爲有也。四德以發見於行實言之，然不可以無爲有也。

文中「以無爲有」者，謂無四德之實而徒據卜得〈隨〉「元亨利貞」而以爲可吉
也。又於「我則取惡，能無咎乎」下注曰：「言自造惡也。惡者，不元、不亨、
不利、不貞也。」此尤能彰明穆姜由內心反省而知吉凶之精神。此種內心反省
己德之精神，正如《尚書·洪範篇》記卜筮時當先「謀及乃心」之精神。〈洪範
篇〉孔疏云：「龜筮雖靈，不至越於人也。」亦是此精神之詮解。穆姜所引之四
德說，後爲〈乾·文言〉所襲且加深其意義，其以德決定吉凶之精神，亦爲後
世《易傳》作者所發揚，而成爲《周易》之宗旨精神。朱子嘗論此曰：

及文王、周公分爲六十四卦，添入「〈乾〉，元亨利貞」，「〈坤〉，元
亨利牝馬之貞」，早不是伏羲之意，已是文王、周公自說他一般道
理了。然猶是就人占處說，如卜得〈乾卦〉，則大亨而利於正耳。及
孔子繫《易》，作〈彖〉、〈象〉、〈文言〉，則以「元、亨、利、貞」
爲〈乾〉之四德，又非文王之《易》矣。到得孔子，盡是說道理。
然猶就卜筮上發出許多道理，欲人曉得所以凶，所以吉。……若卦
爻大好而己德相當，則吉；卦爻雖吉，而己德不足以勝之，則雖吉
亦凶；卦爻雖凶，而己德足以勝之，則雖凶猶吉，反覆都就占筮上
發明誨人底道理。如云「需于泥，致寇至（案：此〈需卦〉卦辭）」，
此卦爻本自不好，而〈象〉卻曰：「自我致寇，敬慎不敗也。」蓋卦
爻雖不好，而占之者能敬慎畏防，則亦不至於敗。蓋需者，待也。

需有可待之時，故得以就需之時思患預防，而不至於敗也。此則聖
人就占處發明誨人之理也。（《朱子語類》，卷六十六）

今暫不論朱子此文中關於《周易》經、傳之作者問題，此文實甚能説明《周易》
經、傳於形成過程中，因時代差異而有不同精神演化之史實，並且能把握到《易
傳》雖言吉凶，然其吉凶非由卦之好壞決定而是依人之修德與否以定之精神。
若就道德之自由律言，是「我欲仁斯仁至矣」之「自由意志」抉擇，而此方是
《易傳》之眞義也。而此《易傳》眞意，實亦可由四德説與穆姜引文比較後之
啓示得之。

第四節　〈乾・文言〉四德説與穆姜引文之傳承關係

關於〈乾・文言〉四德説與穆姜引文之傳承關係，歷來《易》家多倡〈乾・
文言〉乃襲自《左傳》穆姜引文，如朱子在《易本義》卷一云：

與《春秋傳》所載穆姜之言不異。疑古者已有此語，穆姜稱之，而
夫子亦有取焉。故下文別以「子曰」表孔子之辭，蓋傳者欲以明此
章之爲古語也。

文中謂此二者之言不異，實則二者大同而小異，小異處正是二者意義、精神
不同顯示處（詳下文）。另外，除文句之不同，穆姜所引語乃解〈隨卦〉卦辭，
與〈乾・文言〉之解〈乾卦〉卦辭不同。依此而言，則二者承傳關係乃有可
議論處。此問題，宋人王應麟以爲乃《左傳》抄自〈乾・文言〉，王氏謂：

左氏粗聞闕里緒言，每每引用，而輒更易。穆姜於〈隨〉舉〈文言〉，
亦此類。（《困學紀聞》，卷九，「克己復禮」下）

另外，又有以爲二文之關係不能確定，亦有以爲二者無涉者。如今人屈萬里
先生曰：

穆姜之説元亨利貞，與〈文言傳〉雷同。按《左傳》之作，至早不
能逾戰國初期，且或有後人竄入之語。則此數語，不知爲《左傳》
襲〈文言傳〉，抑爲〈文言傳〉襲《左傳》也。〔註13〕

此謂二者承傳關係不能定也。另，黃慶萱先生於此問題則以爲：

唯穆姜所言四德，乃就〈隨卦〉卦辭而説，與〈乾卦〉無關；而説
元爲「體之長」，「體仁」上無君子二字，「嘉會」作「嘉德」，文字

〔註13〕屈萬里，《先秦漢魏易例述評》（台北：學生，民國64年），頁65。

亦與〈文言傳〉略有出入。〔註14〕

此則以二段文字所釋之卦不同，而以爲二者無涉也。

上述三家之說中，王應麟之說最易知其誤，蓋王氏以《左傳》爲與孔子同時代之左丘明所作，故謂左氏「粗聞闕里緒言」。然而《左傳》之作者是否爲《論語·公冶長篇》中所提及之左丘明？今人據《左傳》末一條記魯悼公四年（西元前463年）晉智伯瑤圍鄭事，其末云：「趙襄子由是慧智伯，遂喪之。智伯貪而愎，故韓魏反而喪之。」三家滅智伯，事在周貞定王十六年（西元前453年），趙襄子卒於周威烈王元年（西元前425年），自孔子卒至襄子卒已五十四年。且既記襄子之諡，則此則之記又必當後於襄子之卒，是以此多不信《左傳》之作者爲《論語》中之左丘明。〔註15〕更何況即使〈乾·文言〉爲孔子所作，穆姜亦先於孔子，則穆姜怎能引孔子之文？故宋歐陽修《易童子問》卷二云：

> 童子曰：「敢問四德？」曰：「此魯穆姜之所道也。初，穆姜之筮也，遇〈艮〉之〈隨〉，而爲〈隨〉元亨利貞說也，在襄公九年。後十有五年而孔子始生，又數十年而始贊《易》。然則四德非〈乾〉之四德，〈文言〉不爲孔子之言矣。」童子曰：「或謂左氏之傳《春秋》也，竊取孔子〈文言〉，以上附穆姜之說，是左氏之過也。然乎？」曰：「不然。彼左氏者，胡爲而傳《春秋》，豈不欲其書之信於世也？乃以孔子晚而所著之書爲孔子生前之說，此雖甚愚者之不爲也。蓋方左氏傳《春秋》時，世猶未以〈文言〉爲孔子作也，所以用之不疑，然則謂〈文言〉爲孔子作者，出於近世乎？」

歐陽修此處雖以時代之問題而論〈文言〉非孔子作，然而穆姜引語中只言「其在《周易》」，而非指明爲〈文言〉，似未必如歐陽修所云之「左氏者不意後世以〈文言〉爲孔子作」。私意以爲，若以穆姜語與〈乾·文言〉比較，穆姜語中所言「其在《周易》」，可解釋爲在其時對〈隨卦〉卦辭之解釋，而非今見之《周易·乾文言》，否則，以穆姜之嫻熟《周易》言，何不逕言出自〈文言〉？何況所解者又是〈隨卦〉非〈乾卦〉也。此外，穆姜引文亦可解爲在〈文言傳〉產

〔註14〕黃慶萱，《周易讀本》（台北：三民，民國73年），頁14。

〔註15〕關於《左傳》作者問題，異說甚多。此參王師初慶之〈春秋左傳杜氏義述要〉（《輔仁人文學報》，第四卷，民國64年5月），第三章第二節〈左丘明與左傳〉。

生之後，由《左傳》作者竄入。然而《左傳》作者既在〈文言〉產生之後，又何不明言出自〈文言〉？又何以和今〈乾‧文言〉之字句不同？又何以用〈乾‧文言〉去解〈隨卦〉？是以《左傳》穆姜所引語非抄自〈文言〉當無疑。

　　既然《左傳》穆姜語非襲〈文言傳〉，然則〈文言傳〉襲《左傳》乎？前引屈翼鵬先生之文，以爲此不能確定。今人錢穆氏又嘗謂：「以文勢論，只見是《周易》鈔《左傳》，不見是《左傳》鈔《周易》。」〔註16〕所謂之「文勢」，又嫌說明不夠，難以爲證。私意以爲，於此若就情理言，《左傳》穆姜引語當非抄自〈文言傳〉，但如前所述，亦只能說〈文言傳〉是在襄公九年之後，仍無法確定〈文言〉是承襲《左傳》穆姜引文也。關於此問題，除本章第二節以筮法及卦爻辭由不定式到定式，及第三節以穆姜引文中所透露之人文精神爲《易傳》所承襲並發揚之歷史發展方向可確定〈文言傳〉當在襄公九年穆姜語之後外，吾人亦可由二段文字差異處探討之，此似可爲解決此一問題之另一方法。此二段文字之差別何在？黃慶萱先生析曰：

1. 一解〈隨卦〉，一解〈乾卦〉。
2. 一解元爲「體之長」，一解爲「善之長」。
3. 「體仁」上一無「君子」，一有。
4. 一爲「嘉德」，一爲「嘉會」。

就此四項差異言，愚以爲實正足以說明〈文言傳〉乃抄自《左傳》。先就第一項言。由解〈隨卦〉到解〈乾卦〉，且〈文言傳〉乃納入已定式之《周易》中，正符合《周易》一書之編纂由不定式到定式的演進歷程，故由《周易》之演進言，〈乾‧文言〉當在《左傳‧襄公九年》穆姜引文之後。

　　次就第二項說。穆姜所引爲「體之長」，是用「元」的本義——「首」（《爾雅‧釋詁》：「元，首也。」）而〈乾‧文言〉釋「元」爲「善之長」，已是用引申義，故就文字字義之發展言，〈乾‧文言〉當在襄公九年之後。此外，就「體之長」與「善之長」之比較言，雖僅一字之差，然吾人正可「一字見宗旨」，〔註17〕誠如戴君仁先生所言：

　　〈乾‧文言〉裏講四德，用了穆姜的話，而把體之長，改爲善之長，便充滿了道德的意味……要用天人合一之道，來改造這部從西周傳

〔註16〕錢穆，〈論十翼非孔子作〉，文收《中國古史研究》第三冊，頁89。
〔註17〕此用戴君仁先生之文題，文載《孔孟學報》第25期。先生謂：「所謂一字見宗旨，意思是說，一個字就可看出某一家學術的宗旨。」

下來的卜筮之書，用哲理的觀念，來代替神權的觀念，這應該說是
一個大進步。〔註18〕

又曰：

穆姜原說「元，體之長也」，是用元的原來意義，（元本是人頭）沒
有什麼哲理的意味，〈文言〉作者改體為善，便和古代人性論發生了
關係，有了哲學的價值。〔註19〕

是以此二文雖僅一字之差，亦可以見出其意義、價值之甚大差距，蓋於《左
傳》中，「體之長」正合穆姜之身份，由人體之首引申至政體之首領，謂為政
者當「體仁」方足以「長人」，如此，「元」字乃狹猛地落入政治格局中，缺
乏普遍之意義。而〈乾·文言〉之「元」呢？以乾為天，「元」字乃成形上根
源，善之根源，今人郭文夫先生論及《易傳》倫理學之基礎時曾言：

《周易》一書包括經傳二部份，其中以傳部的著作稱為《易傳》或
《十翼》為最富於哲學意涵，因為儒門的《十翼》出，《周易》始
由遠古洪荒時代的歷史記載及社會演化秩序中擺脫了「《易》為卜筮
之書」的色彩，轉向廣大悉備的哲學意興，彰顯形上學的內涵，而
將倫理道德所要求的性命基礎，放在與「形而上的本體存有論」
（metaphysical ontology）和宇宙論互相連結的主韻中，去指陳道德
的根源性，由此去展開來人生的各種生命存在與心靈境界。〔註20〕

此段說明最可證實〈乾·文言〉襲用《左傳》穆姜語而改易一字實有甚深之
含義。以「元」乃「善之長」，「元」為「乾元」，為創生萬物之根源，所謂「天
生烝民，有物有則；民之秉彝，好是懿德」（《詩經·大雅蕩之什，烝民》），
所謂「一陰一陽之謂道，繼之者善也，成之者性也」（〈繫上〉·五），所謂「乾
道變化，各正性命，保合太和，乃利貞。」（《乾卦·象傳》），皆得以「元」
為「善之長」下方有其意義。故，「體之長」與「善之長」雖僅一字之差，然
此一字正是儒門《易》之義理宗旨所在，其作用，使《易》之生生非機械、
物理之生，而是善之流佈，使宇宙秩序頓成道德秩序，前賢於比較《左傳》
穆姜語與〈乾·文言〉時，或言其「不異」，或言其「雷同」，或執求文字本
義，或論〈文言〉非孔子作，而罕言「一字見宗旨」也。以此，亦當知由思

〔註18〕參見戴君仁，《談易》（開明，民國69年），頁20。
〔註19〕戴氏《談易》，頁16。
〔註20〕郭文夫，〈易傳倫理學的基礎〉（《文史哲學報》，三十二卷，頁322）。

想史之演進言，探究性命根源、倫理基礎之〈乾·文言〉必在單論爲政者之德之襄公穆姜語之後，而且是以改造舊典賦予新義之方式，承襲《左傳》之文。

另外，〈乾·文言〉「善之長」句，學者有以爲乃出諸《左傳·昭公十二年》之筮例。〔註21〕《左傳》此文爲：

> 南蒯之將叛也，其鄉人或知之，過之而嘆，且言曰：「恤恤乎，湫乎攸乎，深思而淺謀，邇身而遠志，家臣而君圖，有人矣哉！」南蒯枚筮之，遇〈坤〉䷁之〈比〉䷇，曰：「黃裳元吉」，以爲大吉也。示子服惠伯，曰：「即欲有事，何如？」惠伯曰：「吾嘗學此矣！忠信之事則可，不然，必敗。外彊內溫，忠也；和以率眞，信也，故曰：『黃裳元吉』。黃，中之色也；裳，下之飾也；元，善之長也。中不忠，不得其色；下不共，不得其飾；事不善，不得其極。外內倡和爲忠，率事以信爲共，供養三德爲善，非此三者弗當。且夫《易》，不可以占險，將何事也？且可飾乎？中美能黃，上美爲元，下美則裳，參成可筮。猶有闕也，筮雖吉，未也。」

案：子服惠所作之解與穆姜引文精神相同，皆是主張以德決吉凶而不盲信原來之卜筮指示。文中以「大吉」解「元吉」，則「元」有大義。以「善之長」釋「元」，又謂「上美爲元」，似與〈乾·文言〉四德說之訓「元」同。然究其實，此處之「善之長」實同穆姜引文之「體之長」，亦僅能就人之德行言，而不同於〈乾·文言〉之「善之長」乃納入《易傳》之宇宙論中，用以描述創生本體。故其文辭雖同於〈乾·文言〉，然二者之意義實有天壤之別，不可謂〈乾·文言〉作者直接用此文辭也，而亦只可謂〈乾·文言〉作者選用此辭並提昇其意義。誠如宋儒葉水心於其《習學記言》中謂：

> 穆姜所稱四德，古人說《易》有此論。其義狹，不足以當〈乾〉，孔子當明其義，乃〈乾〉德也。（《宋元學案·水心學案》）

就第三項言。在「體仁足以長人」上，穆姜語中無「君子」而〈乾·文言〉則有。此以〈乾·文言〉順「元者善之長」以言普遍性之道德，〈乾·文言〉之「君子」當指成德之人，而穆姜語中乃指爲政者，是特殊的、狹隘的，

〔註21〕高懷民〈儒家性善說的理論根據〉（《文藝復興月刊》，78 期）一文中謂：「孔子在〈文言傳〉中對『元』字的解釋，是經過一番選擇的，他捨棄了穆姜的『體之長』，而選取了子服惠伯的『善之長』。」

故其「長人」，乃指統領臣民。且〈乾・文言〉之君子乃「以成德爲行，日可見之行也」（〈乾・文言〉），乃效天之健行而「自強不息」（〈乾卦・大象〉）之君子，故其「長人」乃是爲人倫之法式，言「君子體仁足以長人」，意謂體法上天好生健動之德，身體力行仁道，於爲仁便成爲生命之主體，而足以使眾人發展其天命之仁性。此與孔子之「君子成人之美，不成人之惡」（《論語・顏淵》），曾子之「君子以文會友，以友輔仁」（《論語・顏淵》），孟子之「君子莫大乎與人爲善」（《孟子・公孫丑上》）之意相通。以此而言，〈乾・文言〉之冠「君子」於「體仁足以長人」上，必是承自襄公九年之穆姜語而改造之，使《周易》一書由貴族占筮之書變而爲所有人修養之書，由狹猛之言爲政者之德轉爲具有普遍意義之成德之書。

就第四項言，穆姜語中用「嘉德足以合禮」訓「亨」，正是用「亨」之本義。亨之本義爲享祀之享，〔註22〕謂「嘉德足以合禮」，指行享祭之禮須有嘉德之實，方可上符天意而成禮。此種「嘉德足以合禮」之享祭觀念，淵自西周初期已有之修德以合天之觀念，降及春秋時，已成享祭之一般觀念，如《左傳・桓公六年》：

> 夫民，神之主也。是以聖王先成民，而後致力於神。……於是乎民和而神降之福。

又僖公五年：

> 晉侯復假道於虞以伐虢，宮之奇諫……公曰：「吾享祀豐絜，神必據我。」對曰：「臣聞之：鬼神非人實親，惟德是依。故《周書》曰：『皇天無親，惟德是輔。』又曰：『黍稷非馨，明德惟馨。』又曰：『民不易物，惟德繄物。』如是，則非德，民不和，神不享矣。神所馮依，將在德矣。」

又襄公七年：

> 冬十月，晉韓獻子告老。公族穆子有廢疾，將立之。辭曰：「……請立起也。與田蘇游，而曰好仁。詩曰：『靖共爾位，好是正直。神之聽之，介爾景福。』恤民爲德，正直爲正，正曲爲直，參和爲仁；如是，則神聽之，介福降之。立之，不亦可乎？」

又昭公二十年：

> 齊侯疥，遂痁，……梁丘據與裔款言於公曰：「吾事鬼神豐，於先君

〔註22〕高亨《周易古經通説》（台北：華正，民國66年），〈元亨利貞解〉。

有加矣。今君疾病，爲諸侯憂，是祝、史之罪也。諸侯不知，其謂
我不敬。君盍誅於祝固、史嚚以辭賓。」公說，告晏子。晏子曰：「……
若有德之君，外內不廢，上下無怨，動無違事，其祝、史薦信，無
愧心矣。是以鬼神用饗，國受其福，祝、史與焉。其所以蕃祉老壽
者，爲信君使也，其言忠信於鬼神。其適遇淫君，外內頗邪，上下
怨疾，動作辟違，從欲厭私，……不憚鬼神。神怒民痛，無悛於心。
其祝、史薦信，是言罪也；其蓋失數美，是矯誣也。進退無辭，則
虛以求媚。是以鬼神不饗其國以禍之，祝、史與焉。所以天昏孤疾
者，爲暴君使也，其言僭嫚於鬼神。」……君若欲誅於祝、史，脩
德而後可。

以上所引數文，正是「嘉德足以合禮」之最佳註解。蓋享祭之目的在祈福驅
禍，然而神之降施禍福，乃繫於爲政者之德行，視爲政者是否愛民而定。於
〈乾・文言〉，釋「亨」爲「嘉之會」，言「嘉會足以合禮」，乃用「亨」之引
申義。蓋祭享則人神感通，所以可引申爲亨通。《周易》孔疏引《子夏易傳》
云「亨，通也」（《周易注疏》，卷一），即用引申義。以〈乾・文言〉乃順「元
者，善之長」而言性命天道貫通之義理，故「嘉之會」是指天道本身之遂暢，
使萬物亨通，而在眾美會聚暢通之際，物物因「乾道變化」而「各正性命」，
正足以成就人與人，人與天地之秩序與和諧之「禮」。此「禮」已非典制禮文，
而是「觀乎人文，以化成天下」（《賁卦・彖傳》）之禮文，就此而言，〈乾・
文言〉之用「嘉會」代「嘉德」亦有其深義。以其義理乃言天道性命相貫通，
故特言「際會」、「遂通」，而《左傳》穆姜語，則仍是單指祭享時須以「嘉德」
爲基礎，非如〈乾・文言〉在彰示天人哲學。因此，亦可由此看出〈乾・文
言〉實當作於《左傳・襄公九年》之後，且承穆姜所引語而改造之。〔註23〕

〔註23〕 李周龍〈周易文言傳管窺〉（《孔孟學報》，44 期）一文中，在引述歐陽修、崔
述、錢穆、李鏡池、戴君仁諸先生見解後，謂：「這些學者的議論，或就文勢，
或就文意，而異口同聲地認定〈文言〉的的作者因襲《左傳》。他們的見解都
是很精當的。……因爲《左傳》是根據孔子的《春秋經》寫的，而《春秋經》
又是依據魯史修的，這些歷史事實，不容作僞。假如穆姜、子服惠伯沒有說
過這些話，那麼《左傳》的作者當不致於憑空杜撰，無中生有……又假如
當時已有〈文言〉，而爲穆姜、子服惠伯所微引，何以不指明「周易文言曰」？
但穆姜怎麼可能引孔子的話呢？她說這些話時在襄公九年，距孔子辛八十五
年。假如〈文言〉果真是孔子作的，又怎麼可能在他出生前十二年即已問世
了呢？如果是孔子微引魯史而來的，怎會不加以標明呢？而〈文言〉的作者

從上述四項差異之比較、說明，吾人或可確定〈乾‧文言〉實承襲自《左傳》穆姜所引語，而以改造數字之方法，以創造儒門《易》學之義理。而清人崔述因不明〈乾‧文言〉之獨創性，徒有見於文勢及字之本義，故於比較此二段文字後，有如下之說：

> 《春秋》襄公九年傳，穆姜答史之言，與今〈文言〉篇首略同，而詞小異。以文勢論，則於彼處爲宜，以文義論，則「文」即「首」也，故謂爲「體之長」，不得遂以爲「善之長」。「會者，合也」，若云「嘉會足以合禮」，則於文爲複，而「嘉會」二字亦不可解。足以長人，合禮合義而幹事，是以「雖〈隨〉，無咎」。今刪其下二句，而冠「君子」字於四語之上，則與上下文義了不相蒙。（《洙泗考信錄，卷三》）

此文雖旨在說明〈乾‧文言〉非孔子所作，然察其詞意，崔氏於含義深遠之〈乾‧文言〉並無領會。在他看來，〈乾‧文言〉只是「文勢」不差耳。又以其拘泥於字之本義及文章之順暢，而不能以歷史演進之觀點省察此二段文字，故不能見出二文之眞正差別。崔氏之學，爲乾嘉考證之學，於史實之辨僞駁正誠有功，然亦有其弊。逮及民國，學人承乾嘉之緒，勇於破古說。於焉研《易》者，徒汲汲於作者、時代之考辨，卻掩霾《易》之義理而不顧，竟有謂〈乾‧文言〉四德說爲空言妄說者，此誠不可不辨而正之。

第五節　否定四德說價值者之考察

《周易‧乾‧文言》爲《易傳》之一，傳者，解經也。〈乾‧文言〉於〈乾卦〉卦辭「元亨利貞」解爲四德，並謂「君子，行此四德者」。此乃一天人合一之哲學，謂人體天德（〈說卦傳〉：「乾爲天」）而踐履之，則可與天達成同質之合一，故〈乾‧文言〉又曰：「夫大人者，與天地合其德。」〈乾卦〉卦辭，本文簡而義晦，經〈文言〉之詮解，則頓現豐富之義理。然此詮解，實〈文言傳〉之作者承襲《左傳‧襄公九年》穆姜語，又以改易數字及移置〈乾卦〉之方式，以完成儒門《易》之天人合一之學，因此，其解經乃意義

抄襲《左傳》之文是可以斷言的。」案：本章論〈乾‧文言〉抄自《左傳》穆姜語與李氏此文詳略不同，且如李氏之說，只能斷定二文之前後，而不能斷定〈乾‧文言〉必抄自《左傳》，而唯詳究二文在思想上之密切關連，方能得出〈文言〉必抄自《左傳》之結論也。

之賦與、創造，不可求其是否合於經文之本義，更不可執經文之本義而否定
〈乾・文言〉此種依文託義之方式。其實，依文託義之解經方式非〈乾・文
言〉所專有，遠在春秋時，即有引申卦爻辭之意義，以爲立説之根據，如前
所申論之襄公九年筮例，此外，又如《左傳・宣公十二年》：

> 晉師救鄭。……彘子……以中軍佐濟。知莊子曰：「此師殆哉！《周
> 易》有之，在〈師〉䷆之〈臨〉䷒曰：『師出以律，否臧，凶。』
> 執事順成爲臧，逆爲否。衆散爲弱，川壅爲澤。有律以如己也，故
> 曰律。否臧，且律竭也。盈而以竭，天且不整，所以凶也。不行之
> 謂〈臨〉；有帥而不從，臨孰甚焉？此之謂矣。果遇，必敗，彘子尸
> 之，雖免而歸，必有大咎。」

又如襄公二十八年云：

> （子大叔）告子展曰：「楚子將死矣！不修其政德，而貪昧於諸侯，
> 以逞其願，欲久，得乎？《周易》有之，在〈復〉䷗之〈頤〉䷚曰：
> 『迷復，凶。』其楚子之謂乎！欲復其願，而棄其本；復歸無所，
> 是謂迷復，能無凶乎？」

在解《易》之卦爻辭時，已非恪遵本義，且其引《易》，亦已非卜以決行事，
而是藉《易》之文以言人之德。就依《易》文以託義言，實不可斤斤於符合
文字之本義，或必求其合乎卜筮時代之文義。在先秦儒家言，孔子引申〈恆
卦〉九三爻辭之意，以教人須有恆（《論語・子路篇》），又子貢因《詩》之「巧
笑倩兮，美目盼兮」而悟及「禮後乎！」孔子即許爲「可與言《詩》」（《論語・
八佾篇》）是知孔子非斤斤於古代典籍之訓詁，而是在依文託義之方式下，以
言其心中之義理也。此種依文託義之精神，爲孔門後學所承襲，如《荀子・
非相篇》云：

> 凡人莫不好言其所善，而君子爲甚。故贈人以言，重於金石珠玉；
> 觀人以言，美於黼黻文章；聽人之言，樂於鍾鼓琴瑟。故君子之於
> 言無厭。鄙夫反是。好其實不卹其文，是以終身不免埤污傭俗。故
> 《易》曰：「括囊，無咎無譽。」腐儒之謂也。

「括囊，無咎無譽」，乃〈坤卦〉六四爻辭，而〈坤卦〉六四小象曰：「括囊
无咎，愼不害也。」又〈坤・文言〉曰：「括囊无咎，蓋言謹也。」乃依括囊
之象以戒愼言之德，實較合爻辭之原意。而荀子卻用此引申爲君子當無厭於
諫上之言。另，《荀子・大略篇》云：

> 下臣事君以貨，中臣事君以身，上臣事君以人。《易》曰：「復自道
> 何其咎。」

「復自道」語乃〈小畜卦〉初九爻辭。「道」之原義，恐只是道路之道。意乃由大路以復返，方不致迷失，故云「何其咎」。然在荀子，則「道」指臣下事君之道，亦不同於爻辭之原意。

另外，《荀子‧大略篇》又有云：

> 《易》之〈咸〉，見夫婦。夫婦之道，不可不正也，君臣父子之本也。
> 咸，感也。以高下下，以男下女，柔上而剛下。

此亦依《周易》文字以託己義也。又，荀子之解〈咸卦〉，與今本《周易‧咸卦‧象傳》意同而文辭稍異，則可知《易傳》之解經方式，乃是儒門依文以託義也。又如〈乾卦‧彖傳〉云：

> 大哉乾元，萬物資始，乃統天。雲行雨施，品物流形。大明終始，
> 六位時成，時乘六龍以御天。乾道變化，各正性命，保合太合，乃
> 利貞。首出庶物，萬國咸寧。

〈彖傳〉乃言一卦之大義，〈乾‧彖〉所表達者，宇宙生生之元，降之於萬物，人順之而不貳，則得性命之正。此文雖簡，然後儒言性命教化之要理，已俱含其中。是故依文託義，乃《易傳》表述義理之方式，而《易傳》之作，至遲不晚於戰國末年，其時距古末遠，當知《周易》經文之本義，是以如〈乾‧文言〉之解「元亨利貞」為四德者，純是依文託義，固不必強求其合於經文本義。

《易傳》依文託義之解經方式，乃儒家表述思想之傳統，後之研經者，雖以時代之變異，而於《易傳》之內涵有不同之領會與詮解，然皆無疑於〈乾‧文言〉以四德解經文。逮乎北宋，疑經之風起，〔註24〕歐陽修《易童子問》卷一以同一〈乾‧文言〉並有四德、二德之解，而謂〈乾‧文言〉非孔子作，其言曰：

> 〈繫辭〉……〈文言〉、〈說卦〉而下，皆非聖人之作，而眾說淆亂，
> 亦非一人之言也。……〈文言〉曰：「元者，善之長也；亨者，嘉之
> 會也；利者，義之和也；貞者，事之幹也。是謂乾之四德。」又曰：
> 「乾元者，始而亨者也；利貞者，性情也。」則又非四德矣。

此以〈乾‧文言〉並有四德、二德之矛盾論〈文言〉非孔子作，雖未明說〈乾‧

〔註24〕可參屈萬里《書傭論學集》（台北：開明，67年），〈宋人疑經的風氣〉。

文言〉以四德解經爲非，然後世否定四德説者，多有據歐氏之説者。另外，如本章前節所引崔述之説，以其不明《左傳》穆姜語與〈乾・文言〉在義理、精神上之差異，徒據文字初義與文章法式視〈乾・文言〉反不如《左傳》穆姜所引之文，則已隱隱然有否定〈乾・文言〉四德説之意。至民國初年，在反古求新之時勢下，學人致力於疑古考辨之學，撻伐經典不遺餘力，於焉乃有〈乾・文言〉四德説乃妄言附會之論，此實不可不辯而正之。下先引彼等之説：

民國李鏡池撰有《易傳探源》、《左、國中易筮之研究》、《周易筮辭考》諸文，從疑古辨僞之立場，力言〈乾卦〉卦辭「元亨利貞」不當解爲四德。如其《周易筮辭考》中説：

「利貞」並不是甚麼「德」。「利」字不能獨立；「貞」字亦要與他詞連結而成文；就是「元」字也不過是個副詞，只能説「元亨」，不能説「元、亨」。只有「利貞」連文，沒有「利」、「貞」分立。分開則不能獨立成一種意義。……「元」既與「亨」相連而成文，「利貞」又不能分立而成義，那裡去找「四德」？一部《周易》劈頭第一句話的句讀尚且這樣胡分硬斷，其他的附會可想而知。〔註25〕

此除承歐陽修之論點又加上《周易》卦爻辭「元亨利貞」四字之語法詞性分析，言「元亨利貞」不當解爲四德，而認爲〈乾・文言〉之解經連句讀乃「胡分硬斷」，則「其他的附會可想而知」。探李鏡池之意，雖在力求恢復《周易》卦爻辭之原義，然經此批評，實有導人貶抑〈乾・文言〉之影響。其實，如前所言，〈乾・文言〉實承自《左傳・襄公九年》之文，彼時已解「元亨利貞」爲四德，彼時之人，當知「元亨利貞」用於卜筮時之意義，而所以解爲「四德」者，則是依文託義，是時代變易所致。此種因時代之變易而有之不同解釋，李鏡池尚能知，故又於其《易傳探源》一文中曾言：

《易》雖是筮數，而儒家不妨拿來做教科書，只要能夠加以一種新解釋，賦以一種意義即可已。〔註26〕

然而在李鏡池之《左、國中易筮之研究》一文中，卻亦如清崔述，以爲〈乾・文言〉之解「元亨利貞」反不如《左傳・襄公九年》穆姜所引語，謂：

實則《易傳》之釋易，都較《左》、《國》筮辭爲差，這是時代不同

〔註25〕見《古史辨》，冊三，頁 201～202。
〔註26〕同上，頁 102。

> 的關係，我們是不能爲《易傳》諱言的。……因爲時代有先後，所
> 以解釋就有異同；因爲解《易》之人的派別不同，所以他們的觀點
> 就有差別。〈文言傳〉之解「元亨利貞」雖采自《左傳》而所以有不
> 同者，並非「失其義」之過，實是時代不同，觀念不同的緣故。其
> 所變更的字句雖小，而其所受於時代的影響實大。〔註27〕

在本章上一節中，已就〈乾·文言〉解「元亨利貞」爲「四德」與《左傳》
之文比較，發現〈乾·文言〉之作者在承襲《左傳》解〈隨卦〉之文而又改
易數字及改置〈乾卦〉下之方式，以建立儒門《易》之天人哲學及道德哲學
之根據，李鏡池雖能知因時代不同而有不同之解釋，卻以爲〈乾·文言〉反
不如《左傳》穆姜所引之解說，不能正視、領會〈乾·文言〉創闢天人相合
之道德哲學。此種唯求《周易》經文之本義而漠視《易傳》新創義理之失，
爲其後之高亨所承。高亨撰有〈元亨利貞解〉一文，謂：

> 元以仁爲本，亨以禮爲宗，利以義爲幹，貞以固爲質。然執此說以
> 讀《周易》，往往扞格而不通。姑舉一例：〈坤卦〉辭曰：「元亨利牝
> 馬之貞。」如謂元、亨、利、貞爲四德，則此果何等語乎？豈牝馬
> 亦有所謂「貞操」乎？余故謂〈文言〉、《左傳》所云，決非元、亨、
> 利、貞之初義；元、亨、利、貞之初義維何？曰：「元，大也；亨，
> 即享祀之享；利，即利益之利；貞，即貞卜之貞也。」〔註28〕

又云：

> 由此觀之，〈乾〉、〈隨〉之「元亨利貞」，猶言大享利占耳。〈文言〉、
> 《左傳》四德之說，既無當於〈乾〉、〈隨〉二卦之旨，亦大有背於
> 《周易》全經之義。
>
> 〈文言〉、《左傳》妄以四德釋之，千載學者爲其所蔽，致《周易》
> 古經之初旨晦翳不明，甚可慨也。〔註29〕

由上引二文可知高亨之立場在求《周易》經文之原義，而否定《左傳》穆姜所
引及〈乾·文言〉之四德說，比較李鏡池更進一步否定《易傳》依文託義之解
經方式及價值，在彼等心目中，似唯有合乎經文本義者爲是，如此，則似求《周
易》一書永久停留在卜筮之用，而不知《易傳》之價值正在改造原爲卜筮之用

〔註27〕同上，頁 185。
〔註28〕高亨，《周易古經通說》（台北：華正，民國 66 年），頁 112。
〔註29〕同上註，頁 116、131。

之《周易》，使《周易》成爲儒門言天人合一道德哲學之經典。〔註30〕

　　在李鏡池、高亨二人之後，另有蒙傳銘撰有〈周易「元亨利貞」析論〉一文，承彼等之研究方法及觀點而稍異。蒙文探古今研《易》者對「元亨利貞」之諸異説並歸納分析之，於《周易》經文中此四字之詞性、用法、涵義分類比較，以爲「元亨利貞」之訓詁當是：元爲大，亨爲通，利爲利益之利，貞爲守其素常而不變。而「元亨利貞」之句讀當爲「元亨、利貞」。所謂「元亨」，即「大亨」，所謂「利貞」，即「守其素常而不變乃利也」。並謂：

　　　　可知昔賢謂「元亨利貞」爲〈乾卦〉之「四德」者，其誤殊不必辯
　　　　也。〔註31〕

蒙氏此文，於《周易》卦爻辭中之「元亨利貞」四字之訓釋，誠較李鏡池、高亨二人更爲可信，然而如是則可謂「四德」之解爲誤乎？朱子《易本義》卷一云：

　　　　元亨利貞，文王所繫之辭，以斷一卦之吉凶，所謂〈彖辭〉者也。
　　　　元，大也；亨，通也；利，宜也；貞，正而固也。文王以爲乾道大
　　　　通而至正，故於筮得此卦而六爻皆不變者，言其占當得大通，而必
　　　　利在正固，然後可以保其終也。

朱子撰《易本義》，乃補程伊川《易傳》純以義理説《易》而遺《易》本卜筮之書之不足，此段注文即以占筮之意釋「元亨利貞」，其訓解亦與上引諸家之説甚近，且亦以「元亨利貞」之句讀爲二，然而朱子並不因此而否定〈乾·文言〉以「四德」説解「元亨利貞」。《易本義》卷一〈乾卦·彖傳〉下注曰：

　　　　蓋嘗統而論之：元者，物之始生；亨者，物之暢茂；利則向於實也；
　　　　貞則實之成也；實之既成，則其根蒂脱落，可復種而生矣。此四德
　　　　之所以循環而無端也。然而四者之間，生氣流行，初無間斷，此元
　　　　之所以包四德而統天也。其以聖人而言，則孔子之意。蓋以此卦爲
　　　　聖人得天位、行天道而致太平之占也。雖其文義有非文王之舊者，
　　　　然讀者各以其意求之，則並行而不悖也。

〔註30〕關於高亨氏〈元亨利貞解〉之誤失，可參戴君仁先生之〈卜筮之易與義理之易〉（《書目季刊》，六卷2期）及李周龍之〈高亨的「元亨利貞解」商榷〉（《中華易學》，60期）二文之駁正。

〔註31〕詳見蒙傳銘之〈周易「元亨利貞」析論〉（《中國學術年刊》卷二）。文中訓貞爲「守其素常而不變」，乃採屈萬里先生之説，詳參屈先生《書傭論學集》（台北：開明，民國69年）之〈説易散稿〉，頁29～32。

朱子於此之解釋與前所引不同，其所言之「四德」正確與否暫不論，其就卦辭與《易傳》分爲文王之意與孔子之意，並推演〈象傳〉之意，明其爲義理爲哲學之説，則甚能表示《周易》由卜筮之《易》演進至義理之《易》之史實。唯正視、肯認此史實，方能使求經文之初義及《易傳》深奧之義理「並行而不悖」。愚以爲朱子此種態度頗能糾正李鏡池等否定四德説之偏失立場，亦唯如此方能保有《易傳》之價值。《朱子語類》卷六十七又言：

> 〈乾〉之「元亨利貞」本是謂筮得此卦，則大亨而利於守正，而〈象辭〉、〈文言〉皆以爲四德。某常疑如此等類，皆是別立説以發明一意。

是知朱子亦嘗因「四德」之説解不合卦爻經文本義而致疑，然以其有文王之意與孔子之意可並行不悖之歷史演進觀，故不致於如李鏡池等以「四德」之説不符經文本意即妄詆〈乾・象〉、〈文言〉爲妄説附會。朱子又知《易傳》之解經乃依文託義，以述爲作之方式，故又嘗謂：

> 大凡有人解經，雖一時有與經意稍遠，然其説底，自是一説，自有用處，不可廢也。不待後人，古來已如此。如元亨利貞，文王重卦，只是大亨利於守正而已，到夫子卻自解分作四德。看文王卦辭，當著文王意思，到孔子〈文言〉，當著孔子意思，豈可以一説爲是，一説爲非？（《朱子語類》，卷六十七）

朱子於此，實最能彰明《易傳》解經之方式與價值，其態度與具有歷史演進之觀點，誠非偏隘若李鏡池等所能及也。〔註32〕

　　綜上所述，近代之所以有否定〈乾・文言〉以四德解「元亨利貞」者，乃不明《周易》經傳是卜筮《易》到義理《易》之演進，亦不明自古即有依文託義以言《易》而致。此外，其專求經文文字之本義，亦非一正確之研究方式，尤其是論及〈乾・文言〉與穆姜所引語，或〈乾・文言〉與〈乾卦〉卦辭本義之比較時，乃是犯了「以語言學的觀點解釋思想史的問題」〔註33〕

〔註32〕此種解經而不必合經文本義之方式，至後世，仍爲各代注疏作者所襲。可參考黃俊傑〈舊學新知百貫通——從朱子《孟子集注》看中國學術史上的注疏傳統〉，文見《中國文化新論・學術篇・浩翰的學海》（台北：聯經，民國72年）。文中言中國思想家表達其思想系統有一特別方式，即「以注解及詮釋經典的方式來建立自己的思想體系」。

〔註33〕此語見徐復觀《中國人性論史》（台北：學生，民國72年），頁1。徐復觀曾就此方法之誤，力斥傅斯年之〈性命古訓辨證〉一文，謂此方法之誤乃「忽略了由原義到某一思想成立時，其內容已有時間的發展演變；更忽略了同一

之錯誤，清代文字學巨擘段玉裁曾云：

> 凡説字必用其本義，凡説經必因文求義，則於字或取本義，或取引
> 伸假借，有不可得而必者矣。（《説文解字注》，九上，頁 22）

此足以箴李鏡池等在此問題上之誤失，蓋於穆姜時言「元」爲「體之長」，是
用「元」之本義——人首，此實不害〈乾・文言〉解「元」爲「善之長」、〈乾・
象傳〉贊「元」爲「大哉乾元」；謂「亨」爲「享祀之享」亦不害解「亨」爲
「通」；解「貞」爲「貞卜之貞」或「守其素常而不變」，亦不害解「貞」爲
「正」（如〈師卦・象傳〉云：「貞，正也」）或「事之幹」。因字之字義本隨
時而易亦隨時而增添豐富，豈可以後世之字義不符其造字時之本義而抹殺《易
傳》之解經？今人錢鍾書嘗言字源研究法之限制，曰：

> 夫文字學大有助於考史，天下公言也。……然一不愼，則控名責實，
> 變而爲望文生義。《論語・八佾》：「哀公問社，周人以栗，宰我曰：
> 『使民戰栗』，孔子斥之。」按之孔訓、皇疏，即斥宰我之本字面妄
> 説而厚誣古人也。故 whately 論思辨，以字源爲戒。……夫物之本
> 質，當於此物發育具足，性德備完時求之。苟賦形未就，秉性不知，
> 本質無由而見。此所以原始不如要終，窮物之幾，不如觀物之全。
> 〔註34〕

又近人理則學名家陳大齊先生嘗申論荀子「始爲蔽」（《荀子・解蔽篇》）曰：

> 邏輯上有「訴諸語源之過失」，亦是始之蔽。在詮釋名言之時，追溯
> 語源雖亦可供參考，但若忽視後來之演變引申，而死守原始之字義，
> 則將造成學術思想上之蔽害與謬誤。〔註35〕

是則因求「元亨利貞」之文字本義而否定〈乾・文言〉四德説之訓解者，亦
或犯「始爲蔽」之病也。

> 名詞，在同一個時代，也常由不同的思想賦與以不同的内容。」本節之論述
> 觀點多依此而來。

〔註34〕錢鍾書《談藝錄》（台北：野風，民國 71 年），頁 44～45。
〔註35〕文見陳大齊《荀子學説》（台北：中華文化出版事業社，民國 62 年），頁 10。

第三章　四德說義理析論

第一節　「以仁定元」對《易傳》形上學之意義

　　《周易‧乾卦‧文言傳》首段之四德說，乃襲自《左傳》穆姜引言。然在「依文託義」及改易數字下，與其所襲，於義理之廣狹深淺上有迥異之別。如穆姜引語中，其釋「元」爲體之長上，則此「體」字顯指人之身軀，「元」則爲人之首也；引申之，「體」可視爲國家族群，「元」則爲君長，此時「體」、「元」皆落實於人事上，則引語中之「體仁足以長人」之「仁」，應僅是指君長統制群倫所需之德性，當非孔子學說中以「仁」爲眾德之本源，而爲人人內在好善惡惡之性德。今觀〈乾‧文言〉之四德說，則是展述一道德形上學，並提示人當上合於天。此何以知爲？因〈乾‧文言〉四德說是以「元亨利貞」爲乾道開闢萬有之四德，〔註1〕又云「元者，善之長」，與下文之「體仁足以

_____

〔註1〕〈乾‧文言〉釋「元亨利貞」爲「元者，善之長也；亨者，嘉之會也；利者，義之和也；貞者，事之幹也。」本文謂此乃言乾道創闢萬有之四德，是合《易傳》他文而言，如〈乾‧象〉云：「大哉乾元，萬物資始，乃統天。雲行雨施，品物流行。大明終始，六位時成，時乘六龍以御天。乾道變化，各正性命，保合太合，乃利貞。」朱子《易本義》卷一謂此乃「專以天道明乾義，又析元亨利貞爲四德以發明之」，謂「大哉乾元，萬物資始，乃統天」段是釋元義，「雲行雨施，品物流行」是釋乾之亨，即乾道之本爲元，而其發用創闢萬物爲亨，至「各正性命」段，則爲利貞。朱子此析可採。然朱子未詳辨〈乾‧象〉與〈乾‧文言〉之異。蓋〈乾‧象〉屬客觀宇宙論之形式，描述乾道變化創闢萬物並貞定萬物性命，而〈乾‧文言〉則屬對乾道變化之體用賦予「善之長」、「嘉之會」、「義之和」、「事之幹」之道德意義，並據此以提撕人「體仁」、「合禮」、「利物」、「貞固」。

長人」緊密對應，遂指出人當體之「仁」即乾之「元」也，於是「元」即「仁」，而「仁」即創闢萬有之「元」矣，故此「仁」當是眾德之源，亦遂使「元」不僅是宇宙論式之創生根源，亦成為人人道德實踐之根源。

更進而言之，四德說乃對〈乾卦〉卦辭之詮解，則「善之長」、「體仁」皆是對「元」之定義言。此是以「仁」定「元」之義理，以今語言之，則是「以價值決定存有」。牟宗三先生謂此為打通實然與應然之「道德的形上學」，牟宗三說：

> 宋明儒之將《論》、《孟》、《中庸》、《易傳》通而一之，其主要目的是在豁醒先秦儒家之「成德之教」，是要說明吾人之自覺的道德實踐所以可能之超越的根據。此超越根據直接地是吾人之性體，同時即通「於穆不已」之實體而為一，由之以開道德行為之純亦不已，以洞澈宇宙生化之不息。性體無外，宇宙秩序即是道德秩序，道德秩序即是宇宙秩序。故成德之極必是「與天地合其德，與日月合其明，與四時合其序，與鬼神合其吉凶，先天而天弗違，後天而奉天時」，而以聖者仁心無外之「天地氣象」以證實之。〔註2〕

今詳察〈乾・文言〉四德說，確隱含牟宗三先生此說解之義理。如「元亨利貞」固可說是乾元創闢萬有時之「宇宙秩序」，然因「以仁定元」，則亦是「道德秩序」矣。故吾人可謂四德說有「道德秩序即宇宙秩序」、「宇宙秩序即道德秩序」之義理。又此四德可為人所效行，人只要如孟子所說之「盡心」、「盡性」，充其極以踐履之，則人可以上合天道矣。是如孟子所說之「存其心，養其性，所以事天也。」(《孟子・盡心上》)四德說末句言「君子，行此四德者」，而君子所當體之「仁」即乾道之「元」，此則確立人之所以上合於天之根據，與「道德實踐所以可能之超越的根據」。再就「元」即「仁」、「仁」即「元」言，亦如牟宗三先生所謂之「此超越根據直接地是吾人之性體，同時即通『於穆不已』之實體而為一」。而「以仁定元」之義理，則又同乎牟先生所謂之「道德的形上學」是：「從『道德的進路』入，以由『道德性當身』所見的本源（心性）滲透至宇宙之本源，此就是由道德而進至形上學了，但卻是由『道德的進路』入，故曰『道德的形上學』」。〔註3〕

就「元」即「仁」，與「仁」即「元」言，吾人可謂此乃「天道性命相

〔註2〕牟宗三，《心體與性體》（台北：正中，民國70年），冊一，頁37。
〔註3〕仝註2，頁104。

貫通」，而確涵一「道德的形上學」。並在此種詮解下，由〈乾・文言〉四德說中所透露之天地創生，非是機械地氣化創生，而是具有道德意義且充溢溫意之創生，絕非如老子之「天地不仁，以萬物爲芻狗」（《老子》・第五章），故《易傳》有「天地之大德曰生」（〈繫下・一〉）句，即是就生生以言德也。而巍巍崇高無極之乾「元」，與人內在之「仁」之貫通，是就二者「創造性原則」之本質相同言貫通，非是就人與天之表象形軀言，故就乾之「元」言，是如牟宗三先生所云之：

> 乾道之元亨利貞即表示乾道之變化，實則乾道自身並無變化，乃假氣（即帶著氣化）以顯耳。乾道剛健中正，生物不測，即是一創生實體，亦即一「於穆不已」之實體。然此實體雖是一創生的實體，雖是不已地起作用，而其自身實無所謂「變化」。「變化」者是帶著氣化以行，故假氣化以顯耳。變化之實在氣，不在此實體自身也。假氣化以顯，故元亨利貞附在氣化上遂亦成四階段，因而遂儼若成爲乾道之變化過程矣。然而元亨利貞亦稱乾之四德，則隨著氣化申展出去說爲四階段，亦可收攝回來附在乾道之體上說爲四德也……乾道即是元，故曰「乾元」。亨者通也，此是內通，爲物不貳，生物不測，於穆不已地起作用，即是內通之亨，言誠體之不滯也。利者向也，言外通也。利而至於個體之成處，即是其「貞」相，故于個體之成處見「利貞」也，否則，乾道之於穆不已只成一虛無流，已不成其爲創生實體矣。〔註4〕

牟先生此文彰明乾道創生之實體義，並言四德爲乾道創生之四階段、過程，僅能權假氣化之相上說，不可滯沾於客觀自然之迹象。因若就客觀自然之迹象言，會使四德說轉成客觀天道觀，而失「以仁定元」之意義矣！惜乎後世《易》家之說四德，乃好以春夏秋冬、東西南北、金木水火、生長遂成等客觀自然現象比附四德說，遂使「元亨利貞」所以爲德之基礎落空，如朱子曾言：

> 梅蕊初生爲元，開花爲亨，結子爲利，成熟爲貞。物生爲元，長爲亨，成而未全爲利，成熟爲貞。（《朱子語類》，卷六十八）

又曰：

> 元是未通底，亨、利是收未成底，貞是已成底。譬如春夏秋冬，冬夏便是陰陽極氣，其間春秋便是過接處。（同上）

〔註4〕仝註2，頁33～34。

又曰：

> 〈乾〉之四德：元，譬之則人之首也；手足之運動，則有亨底意思；
> 利則配之胸臟；貞則元氣之所藏也。

又曰：

> 以五臟配之尤明白，且如肝屬木，木便是元，心屬火，火便是亨；
> 肺屬金，金便是利；腎屬水，水便是貞。（同上）

又曰：

> 「元亨利貞」，譬諸穀可見，穀之生，萌芽是元，苗是亨，穟是利，
> 成實是貞。穀之實又復能生，循環無窮。（同上）

又曰：

> 以天道言之，爲「元亨利貞」，以四時言之，爲春夏秋冬，以人道言
> 之，爲仁義禮智；以氣候言之，爲溫涼燥濕；以四方言之，爲東西
> 南北。（同上）

上之所引朱子語，即陷於宇宙氣化之相言四德，若依此種推衍比類視四德，實難見出四德説之眞旨。今觀諸〈乾・文言〉，曰「元者，善之長也；亨者，嘉之會也；利者，義之和也；貞者，事之幹也。君子體仁足以長人，嘉會足以合禮，利物足以和義，貞固足以幹事。君子，行此四德者。故曰：乾，元亨利貞。」文雖分三段，然其形式實同乎〈乾卦・大象〉之「天行健，君子以自強不息」，只是人以其道德心賦天地生生不息之外象以道德意義，並以此而提斯人不止息地發用其道德仁心。故所謂四德説之意義實如牟先生所言：

> 儒家惟因通過道德性的性體心體之本體宇宙論的意義，把這性體心
> 體轉而爲寂感眞幾之「生化之理」，而寂感眞幾這生化之理又通過道
> 德性的性體心體之支持而貞定住其道德性的眞正創造之意義，它始
> 打通了道德界與自然界之隔絕。這是儒家「道德的形上學」之澈底
> 完成。〔註5〕

是由人之道德主體上體天心，賦予大化之流以道德意義，並轉而以此「善之長」之「元」爲人之道德心之根源。如此往來貞定，遂有客觀天道與主觀人道相貫通之可能，〔註6〕此方是〈乾・文言〉四德説之意義與價值。若沾滯於

〔註5〕 牟宗三・《心體與性體》，冊一，頁180～81。

〔註6〕 此處所謂之「客觀」實仍是主觀中之客觀。本文所述之義理大體遵循牟宗三
　　　先生對中國哲學之詮解，然於其道德形上學系統下之天人合一，私意以爲此

氣化之迹相，視四德爲客觀宇宙創化之四階段，則「德」字將無著落。此是因若不通過人之道德心之點化，萬物之生生滅滅亦只是自然耳。更進而言之，以天道之流行爲人之道德創造之價值根源，此天道流行若不經人之道德心之貞定，則落實於經驗現象求證之，將有理論上之重大困難。因所謂「天地之大德曰生」下之生生總與「生生破壞」相依立。某一存有之「生」，同時依另一存有之「生」之「破壞」爲條件。此就人類及種物之生活看，尤爲顯然。譬如，人及動物皆須得食而生，而所食者仍爲有生命之物；則食者得生若稱「善」，而被食者即被毀壞則是「惡」矣。如此，又如何稱「生生」爲「善」之根源？〔註7〕

第二節　「以仁定元」對《易傳》道德哲學之意義

一、《易傳》中天德與人德之關係

　　就客觀宇宙之生化言，只見其永恒不易，如朱子所云之「貞了又元」之循環，乃一絕對之必然律。然人之道德活動卻不如此，如〈乾・文言〉云：「知進退存亡而不失其正者，其唯聖人乎？」是知非至聖人境地，則人於進退存亡之際不免失其正。而由此亦知《易傳》之道德哲學必預設道德主體擇善擇

天無法是純客觀宇宙之天。要天人合一，則天須是王船山之「在人之天」，而從「元」與「仁」在創造性原則下合一。另今人傅偉勳先生曾對牟氏之哲學立場有如下批評：「牟先生除了以心性論爲奠基的存有論（亦即我說的存在論）理路之外，又倡『本心即性即理之本心，即是一自由無限心，它既是主觀的，亦是客觀的，復是絕對的』（《現象與物自身》序）。我卻認爲，『仁心體物而不可遺，即客觀地堅立起來而爲萬物之體』（《智的直覺與中國哲學》，第191頁）之中所謂仁體（亦即心體或性體）充其量仍不過是由道德主體性意義的儒家無限心所推擴而成的主觀範圍內的客觀，而非絕對客觀，而非絕對客觀的終極存在。換言之，從孟子直至陽明的儒家眞常心性論的任何「客觀」意義的天命、天道等道德的形上學觀念祇能是無從證立的一種看法而已。」傅偉勳，〈哲學探求的荊棘之道〉，文收《我的探索》（台北：聯經，民國74年）頁105～153。案：傅偉勳爲哲學名家，此段乃針對道德形上學之局限性而發，然謂儒家眞常心性論下之「客觀」天命、天道爲無從證立之想法，實無礙拙說之天人合一。蓋天人合一之天是「在人之天」，至於那純客觀存在之天，當如王船山之「在天之天」，採敬而存之之態度可矣。

〔註7〕參見勞思光《中國哲學史》（香港：友聯出版社，1980年），卷三，上冊，頁59～61。

惡能善能惡之「自由」。亦由此可推知所謂乾道之四德，當通過人之道德心方能成立，是因人心視生命之創造爲「善」，故謂創生之「元」爲「善之長」，因人心嘉美眾生芸芸之會聚暢茂，故謂「元」之創闢爲「亨」德，爲「嘉之會」；因人心視忘私存公、眾利均沾爲德，而天無私覆地無私載，日月之光無隙不照，故以乾道之利萬物爲「義之和」，又以人心視貞正執守善道爲一價值表現，而天地之化恒固正，不以人之好惡而易其寒暑，故又言乾道有「貞」德。另從人對仁心發用之體證，牟宗三先生說：

> 性體心體在個人的道德實踐方面的起用，首先消極地便是消化生命中一切非理性的成分，不讓感性的力量支配我們；其次便是積極地生色踐形，睟面盎背，四肢百體全爲性體所潤，自然生命底光彩收斂而爲聖賢底氣象；再其次，更積極地便是聖神功化，仁不可勝用義不可勝用，表現而爲聖賢底德業；最後，則與天地合德，與日月合明，與四時合序，與鬼神合吉凶，性體遍潤一切而不遺。性體心體在這樣體證之呈現中的起用便是以前所謂「繁興大用」，用今語說，則是所謂「道德的性體心體之創造」。〔註8〕

是則人因內在之心體性體具有眞實地創造與發用，可以此「仁心」爲今「元」。而能如乾之四德般發用創造道德行爲與事業，是人之「仁」之「亨」；又一己之修身而發爲事業而有不私之「利」；且造次顛沛必是，由生至死不移，誠如曾子所謂之「仁以爲己任，不亦重乎，死而後已，不亦遠乎」（〈論語·泰伯〉），表現正固之「貞」。故由仁心發用之體證及要求，彼「於穆不已」之天道流行，在此心之點化下，可成「四德」矣。

就上之所述，所謂「元亨利貞」四德者，可謂是人以「仁」心定「元」之道德意義，使乾元之創闢萬物不是自然爾爾之無意義創造，而是「善之長」；而乾元之創闢萬物，使天地間徧佈生機，亦是「嘉之會」，是「義之和」，是「事之幹」。此義當把握之：即「天德」者，實「人德」也。唯有如此，方得解釋何謂「天人合一」，何謂「天人不一」，亦方可避去朱子在其氣化宇宙論下之歧出與附會。朱子嘗論四德云：

> 「元亨利貞」，理也；有這四段，氣也。有這四段，理便在氣中，兩

〔註8〕 牟宗三《心體與性體》，冊一，頁179。又〈坤·文言〉有曰：「君子黃中通理（朱子《易本義》謂：「言中德在內」），正位居體，美在其中，而暢於四支，發於事業，美之至也。」正可與牟氏此文相發明。

—40—

箇不曾相離。若是説時，則有那未涉於氣底四德，要就氣上看也得。所以伊川説：「元者，物之始；亨者，物之遂；利者，物之實；貞者，物之成。」這雖是就氣上説，然理便在其中。伊川這話改不得，謂是有氣則理便具。所以伊川只恁地説，便可見得物裏面便有這理。若要親切，莫若只就自家身上看，惻隱需有惻隱底根子，羞惡須有羞惡底根子，這便是仁義。仁義禮智，便是元亨利貞。孟子所以只得恁地説，更無説處。仁義禮智，似一箇包子，裏面合下都具了。一理渾然，非有先後，元亨利貞便是如此，不是説道有元之時，有亨之時。

又云：

元者，乃天地生物之端。〈乾〉言：「大哉乾元！萬物資始。至哉坤元！萬物資生。」乃知元者，天地生物之端倪也。元者生意，在亨則生意之長，在利則生意之遂，在貞則生意之成。若言仁，便是這意思。仁本生意，乃惻隱之心也。苟傷著這生意，則惻隱之心便發。若羞惡，也是仁去那義上發；若辭遜，也是仁去那禮上發；若是非，也是仁去那智上發。若不仁之人，安得更有義禮智？（上引俱見《朱子語類》，卷六十八）

就上所引，足知朱子言四德實乃據天德以言人德。雖朱子知四德著成四段乃就氣上説，若攝氣歸理，亦可以説是一「元」之用，如仁義禮智可歸攝於一「仁」之發用。故嘗試問及乾之四德是「元亨利…」，而「亨」卻是「禮」，於是次序是仁禮義智，如何與人之四德——仁義禮智相配？朱子應之曰：「此仁義禮智，猶言春夏秋冬也；仁義禮智，猶言春秋夏冬也。」（《朱子語類》，卷六十八）此是因朱子攝乾之四德於「元」與攝人之四德於「仁」，而不就氣上説。因若就氣上説，則不能比附，因由春而夏至冬，其次序是必然的，如何爲與仁義禮智比附説明而可説成春秋夏冬？此外，朱子之説法仍未充分説明何以有「不仁之人」？

私以爲就天道之「於穆不已」言，誠如朱子所謂之：

「元亨利貞」無斷處，貞了又元。今日子時前，便是昨日亥時。物有夏秋冬生底，是到這裏方感得生氣，他自有箇小小元亨利貞。

又曰：

氣無始無終，且從元處説起，元之前又是貞了。如子時是今日，子

> 之前又是昨日之亥，無空闕時。然天地間有箇局定底，如四方是也；
> 有箇推行底，如四時是也。理都如此。元亨利貞，只就物上看亦分
> 明。所以有此物，便是有此氣；所以有此氣，便是有此理。（上引俱
> 見《朱子語類》，卷六十八）

此「無時無終」、「無空闕時」、「貞了又元」之天道運行描述雖無誤，是對「天地生物之端」之元之描述，然此氣化宇宙論下之元亨利貞實不能解釋《易傳》中之「君子，行此四德者」，因此語之反面乃不行此四德則不得成君子。是知人有行四德與不行四德之「自由」，此是天與人之異。《易傳》云：

> 一陰一陽之謂道，繼之者善也，成之者性也。仁者見之謂之仁，知
> 者見之謂之知，百姓日用而不知，故君子之道鮮矣。顯諸仁，藏諸
> 用，鼓萬物而不與聖人同憂，盛德大業至矣哉！富有之謂大業，日
> 新之謂盛德，生生之謂易。（〈繫上·五〉）

此段是《易傳》中闡述天道與人之性命關係甚重要之文字，其中所論之天道是一陰一陽爲用，而此用乃恒久日新，且其創闢鼓動萬物而生生不息是必然的；而人之性命須待繼之成之，須戒慎恐懼推擴不止，仁心雖與生俱存，卻有君子、小人之分。此文謂「百姓日用而不知」，正指仁心之普遍俱存，且發用不止，然天道之用誠如朱子所云之「無始無終」、「無空闕時」，然人或陷於氣習或溺於官能欲望，故謂「君子之道鮮矣」，又謂天道一陰一陽之發用乃「鼓萬物而不與聖人同憂」。此正明示天人不同而聖人所憂乃憂人道不成也。宋儒程明道曰：

> 鼓萬物不與聖人同憂，此天與人異處。聖人有不能爲天之所爲處。
> （《二程遺書》，卷二）

明儒王船山在其《周易內傳》卷五亦曾據〈繫辭傳〉此文暢論天人之異，曰：

> 《易》爲盡性之學。蓋聖人作《易》以詔吉凶而利民用者，皆佑人
> 性分之所固有，以獎成其德業，而非天道之遠人，吉凶聽其自然也。
> 修之者吉，修其性之良能也。悖之者凶，悖其性之定理也。
>
> 道統天地人物，善性則專就人而言也。……人與萬物之所受命，莫
> 不然也。而在天者即爲理，不必其分劑之宜；在物者乘大化之偶然，
> 而不能遇分劑之適得；則合一陰一陽之美以首出萬物而靈焉者，人
> 也。
>
> 此言一陰一陽之道，爲《易》之全體，而於人性之中，爲德業所自

立，以見盡性者之不可離也。

抑論之：聖人，盡性者也；性盡，則《易》之理該焉，而何爲其尚有憂邪？蓋道在未繼以前，渾淪而無得失，雨暘任其所施，禾莠不妨竝茂，善之名未立，而不善之迹亦忘。既以善繼乎人，而成乎人之性矣，一於善而少差焉，則不善矣。聖人求至於純綷以精，而望道未見，則有憂。性盡而盡人物之性，而天運有治亂，人情有貞邪，不可遽施轉移，以胥協於至善，則有憂；而烏能無憂乎？同一道也，在未繼以前爲天道，既成而後爲人道，天道无擇，而人道有辨。聖人盡人道，而不如異端之欲妄同於天。

就上所引言之，是知天人不同，而人所當爲者，是盡己之性並推而擴之，「己立立人，己達達人」，期人道充盡。故所謂四德者，乃人效行「天道」之創闢不已，至公無私，正固不貳，誠如〈乾卦・大象〉所謂之「天行健，君子以自強不息。」而所以自強不息之道，則如朱子所謂之：「天一而言，但言天行，則見其一日一周，而明日又一周，若重複之象，非至健不能也。君子法之，不以人欲害其天德之剛，則自強而不息矣。」（朱子《易本義》，卷一），蓋陷溺人欲，則非盡性，而盡性即是「有一日之生，則盡一日之道。」（王船山《周易內傳》，卷二），又如鄭汝諧《易翼傳》卷二所云之：

盡性者，不可一日而不用其力也。譬諸井，雖有水，苦汔至而未繘井，乃羸其瓶，則井非我有矣。人雖有性，若所習有作輟之異，所存有人欲之私，則性非我所有矣！

此皆言人之仁性雖存於內，然有待人充盡之。而天則運行不止，亘古常新，此天人之異也。

二、《易傳》言修人德以合天德

今就盡人之仁性言，《周易》一書中處處言戒懼惕勵以修己德，亦即隱然暗示人時時昏惰自陷之可能，而須修德方能安身立命，而能在必要時殺身成仁捨身取義以存仁性。以下先舉《周易》中言修德之元，說明《易傳》當已預設人有可善可惡之「自由」。如：

〈乾卦〉九三爻辭：

君子終日乾乾，夕惕若厲，无咎。

〈乾・文言〉釋此曰：

子曰：「君子進德修業……因其時而惕，雖危無咎矣。」

〈乾‧文言〉釋〈乾〉九四「或躍在淵，无咎」曰：

君子進德修業，欲及時也，故无咎。

〈坤‧文言〉云：

積善之家，必有餘慶；積不善之家，必有餘殃。

《易》曰：「括囊，无咎无譽」，蓋言謹也。

〈泰卦‧彖傳〉：

君子道長，小人道消也。

〈否卦‧彖傳〉：

小人道長，君子道消也。

〈大有卦‧大象傳〉：

君子以遏惡揚善，順天休命。

〈觀卦‧彖傳〉：

觀天之神道，而四時不忒；聖人以神道設教，而天下服矣。

〈觀卦‧象傳〉：

觀我生進退，未失道也。

〈觀卦‧象傳〉：

觀我生，觀民也。〔註9〕

〈賁卦‧彖傳〉：

觀乎天文，以察時變；觀乎人文，以化成天下。

〈剝卦‧彖傳〉：

不利有攸往，小人長也。

〈咸卦‧彖傳〉：

天地感而萬物化生，聖人感人心而天下和平。觀其所感，而天地萬物之情可見矣。

〈恒卦‧彖傳〉：

〔註9〕「觀我生」，朱子《易本義》注云：「我生，我之所行也。」又注〈觀卦〉九五之象云：「此夫子以義言之，明人君觀己所行，不但一身之得失，又當觀民德之善否以自察也。」（《易本義》卷二）朱子此注除「人君」語義狹外，確能收攝於修德无咎之義上，不似孔穎達《正義》之以爻象進退言此並隱含佛教三觀之義，已失《易傳》提撕道德之本旨。請參龔鵬程《孔穎達周易正義研究》（師大國研所，民國68年碩士論文），頁144～146。

「恒：亨，无咎，利貞。」久於其道也。天地之道，恆久而不已也。

「利有攸往」，終則有始也。日月得天而能久照，四時變化而能久成，

聖人久於其道而天下化成：觀其所恆，而天地萬物之情可見矣。

〈益卦・大象傳〉：

君子以見善則遷，有過則改。

〈震卦・大象傳〉：

君子以恐懼修省。

〈漸卦・大象傳〉：

君子以居賢德善俗。

今就上文所引而言，知《易傳》中實已明示天人之不同。所謂天人不同，於天之行則謂「天行健」（〈乾・大象〉），是因此天行恆久不易而使「四時不忒」（〈觀卦・象傳〉），而陰陽二氣交感如〈咸卦・象傳〉所云之「天地感而萬物化生」，此純是必然之律則。而人則不如此，人有善有惡，須努力於「見善則遷，有過則改」（〈益卦・大象傳〉），須「恐懼修省」（〈震卦・大象傳〉），以觀己身之進退使不失道。並觀他人，見有「積不善之家」，憂其必有殃禍，而思有以救之，希冀能「居賢德」以「善俗」，故聖人乃「吉凶與民同患」（〈繫上・十一〉）。而人道之立與人文之成，則是上體天道之日新恆固，使人人得「自強不息」、「久於其道」耳。

就此天人不同言，天道之日新恆久，本無善惡可言，亦無所謂之四德。四德者，乃人之道德心對外在客觀宇宙之生成變化所賦予。因此，若言天道之四德與人道之四德者，須釐清其所謂天之四德之「天」非是客觀宇宙之天。因客觀宇宙之天本無德可言，而其運行生化純是如朱子所描述之「貞了又元」、「無空闕時」，如此之天道是無法解釋「乾道變化，各正性命」（〈乾卦・象傳〉）下何以人有君子、小人之分。

第三節　由四德說義理確定《易傳》非客觀天道論

本章前二節由四德說「以仁定元」之義理型態申論《易傳》之形上學，並由此言四德說之天德實出乎人德，而《易傳》之道德哲學隱含道德主體自由義又須以四德說之「元」為形上根據，如此，方能解釋人既秉天道之命又會悖離天道以行惡之理由。今順此可辨明《易傳》實非所謂之客觀天道論。

今人有謂《易傳》形上義理爲客觀天道論而貶低《易傳》思想之地位者，此如勞思光先生謂：

> 以《易傳》中「大德曰生」之「天道觀念」爲例。此一生生不息之原理，即以説明萬有之總方向，故非一形式概念。而此一爲「天道」所表之總方向，又必須視爲「善」或「價値」之根源。換言之，順此方向爲「善」，逆此方向爲「惡」。
>
> 但「天道」既實際運行於萬有中，則萬有似即應承受「天道」之決定，何以有不順「天道」之方向之可能？解答此問題，便須另設一觀念，以建立所謂道德生活中之二元性（Ethical Duality）。此種二元性乃談價値問題時之必要條件；倘不建立此種二元性，則「惡」之可能不能説明，道德生活及一切價値判斷亦將無從安立。宋儒對此問題即取《禮記・樂記》中所提之「天理」與「人欲」一對觀念，以建立二元性。其大意蓋以爲人有「情緒」，而「情緒」之活動可以合乎天道之方向或不合乎此方向，故必在情緒上有所節制，然後方能合乎「天理」或「天道」。如此，則在對「惡」之解釋上，只立一形式概念，因「情緒」本身並非另是一「惡」之存有，只在「有節」或「無節」上説「善惡」之別。萬有之中，並無一種存有是「惡」也。
>
> 但如此設立二元性後，基本問題仍未解決，蓋「天道」倘實際決定萬有，則何以人之情緒獨能悖乎「天道」，仍是一待解決之問題，此處即隱隱通至「自由意志」或「主體自由」等問題。持「天道觀」者，於此並無確定解説。〔註10〕

本文第二章處已提及勞思光先生對《易傳》之質疑，勞先生謂占卜吉凶已混淆「決定論」與「自由意志」，又謂《易傳》乃因依存有義之「天道」爲價値標準，而以「合乎天道」爲德性及價値標準，換言之，即是以「存有」作德性價値之根源。如此，卻在人何以有背悖此「天道」而行惡上無法解釋。故勞思光先生對《易傳》之評價不高，謂：

> 吾人如確知「價値」問題不是可通過「客觀性」以解釋者，則凡一切訴於「存有」以説價値之理論，無論如何複雜精巧，基本上必不能成立；由此，一切以「形上之規律」或「宇宙之規律」爲依據，而欲解釋「價値」之説，亦皆有根本困難。《易傳》理論屬於此種通

────────────

〔註10〕勞思光《中國哲學史》，卷三上冊，頁58～59。

過「存有」以解釋「價值」之理論，故亦有根本困難。〔註11〕

此種批評之哲學立場是站在「價值二元性」、「主體自由」與「本體論解釋德性」之衝突性而有。其表現在解釋《易・繫辭傳》第五章之「一陰一陽之謂道，繼之者善，存之者性也」，則謂「天道」之變化既已「各正性命」，又何以有不繼之不存之惡？今考諸《易傳》，誠如本文前面所引，確又有明示人有待戒懼修省，須及時進德修業，否則即有不善。如此，《易傳》似又隱然預設「價值二元性」、「主體自由」。是故，本文此處屢言天人之不同，謂於天而言是不待盡，而於人言則待推擴其善性。但如此似又仍難以解釋人之惡從何而有？及人何以既受天命之決定又何以可悖逆天命。其實，吾人可反省及勞思光先生撰述其《中國哲學史》之根本立場。蓋其站在哲學驗證要求之立場上，視由孔孟至陽明此一純粹心性論系統爲中國哲學中最有價值處。故其《中國哲學史》中於漢儒之氣化宇宙論、《易傳》、〈樂記〉、及宋明儒中之二程、朱子，甚至周濂溪、張載等等，在其立場批評下，皆落下乘矣。今吾人若反省此立場是否即毫無可疑時，私意以爲最當反省者是：「心性論」誠然簡截，可充分解釋人何以有惡，但問題是此「心」又從何而出？此「價值根源」又有何安穩之立足點？另外，推而擴之，在人之道德主體性之外的萬物及人自身之客體又如何給予哲學上之存在根源說明？牟宗三先生曾針對上述問題說：

> 認爲儒家的學問只限於孔子講仁、孟子說性善，純粹是道德，不牽涉到存在的問題。持這種態度的人認爲儒家完全是屬於應當（Ought）的問題，並不牽涉存在（Being）的問題。他們把儒家限定在這種地方，因此不喜歡《中庸》、《易傳》。他們一看到《中庸》、《易傳》講宇宙論，就把它和董仲舒扯在一起，就說《中庸》、《易傳》是宇宙論中心。事實上講宇宙論並不一定是宇宙論中心。董仲舒那一套的確是宇宙論中心，而且還是氣化的宇宙論中心。可是《中庸》、《易傳》並不是宇宙論中心。如果照他們這種說法、儒家純粹是道德而不牽涉到存在問題，那麼，這樣一來，儒家除了《論》、《孟》以外，以後就只有一個陸象山，連王陽明都還不純。這樣儒家不是太孤單了嗎？當然他們這種說法也自成一個理路，也不是完全沒有道理，這種說法主要是照著康德的道德哲學來講的。〔註12〕

〔註11〕勞思光《中國哲學史》，卷二，頁110。
〔註12〕牟宗三《中國哲學十九講》（台灣：學生，民國74年），頁71～72。

又說：

> 他們只承認孟子、陽明的看法，而且把孟子、陽明的學說只局限於
> 道德的應當（Moral Ought），而不牽涉到存在。這樣一來，就縮小
> 了他們的學說，這怎麼可以呢？若不牽涉到存在，存在交給誰呢？
> 西方人把存在交給上帝，你把存在交給誰呢？你說良知不牽涉到存
> 在，而只決定道德的是非，決定「應當」，那麼存在交給誰呢？而且
> 王陽明明明說「心無外物」，明明說「無聲無臭獨知時，只是乾坤萬
> 物基。」乾坤萬有不能離開良知而存在，而這些偏執者卻使良知萎
> 縮，只限於人類的道德界，那麼天地萬物的存在交給誰呢？這是不
> 通的。所以在這裡，我們不能順著康德的思路往下拖。何況康德對
> 於這點也有交代。他雖然不把存在交給我們的自由意志，但卻交給
> 上帝。現在這些偏執人把上帝、太極所代表的客觀面都打掉了，又
> 不交給良知，那麼要交給誰呢？〔註13〕

牟先生以為在康德而言，固然強調「實踐理性」，要求道德活動須排除名利（如
功利主義者對道德之解釋）或上帝的要求（如神學對道德之解釋），而歸攝於
能擇善惡之純粹不能已之道德主體本身，但仍預設了「靈魂不滅」與「上帝」，
開出其「道德的神學」（Moral theology），而排除「神學的道德學」（theological
ethics），因「神學的道德學」是構成他律道德。如此，康德亦藉「上帝」以為
萬有──包括人之道德主體之存在根源。而在中國哲學，中國哲學非宗教，
而是以「天」解釋萬有，亦即所謂「天道生化」。而此「天」非命定之天，非
形而下之氣化天自然天，而是根基於人之道德主體之道德天。此和董仲舒等，
將道德基於宇宙論不同，因道德天既基於人之主體，即成此道德主體之對象
而不違悖此主體之自由，而氣化宇宙論下之天，則決定人之主體方向。誠如
勞思光先生對「天道論」之批評，氣化宇宙論者既已決定人之主體活動方向，
則惡何由而出？至於《易傳》中之天是氣化宇宙論之天或是一道德的形上學？
此是勞思光與牟宗三兩先生最大差異所在，牟宗三在其哲學立場上講《易
傳》，是視《易傳》為先秦儒學由《論》、《孟》、《中庸》、《易傳》、《大學》一
系統中充其極之發展。蓋孔子雖罕言性命天道（《論語·子罕篇》），孔子之成
就在由心之安不安指點出人之仁心（《論語·陽貨篇》），即開出道德主體。至
孟子，除了掌握孔子之仁教，並給予理論化外（故陸象山說「孔子渾無罅隙，

〔註13〕仝前註，頁442～443。

孟子十字打開」，十字打開即給予理論建構），亦言「盡其心其知其性，知其性則知天矣。」(《孟子‧盡心上》)，是孟子又較乎孔子進一步言道德主體與天之合一，故有「萬物皆備於我矣，反身而誠，樂莫大焉，彊恕而行，求仁莫近焉(《孟子‧盡心上》)之說。其「萬物皆備於我」是心已同於天，謂「反省而誠」，是此境界仍是通過人之道德主體而有。謂「求仁莫近焉」，如同孔子之「我欲仁，斯仁至矣」(《論語‧述而篇》)，皆是肯認一內在之主體性。除《論語》、《孟子》以外，發展至《中庸》、《易傳》，亦講此主體，如言「誠」、「慎獨」。《中庸》首章即曰：「天命之謂性，率性之謂道，修道之謂教。道也者不可須臾離也，可離非道也。是故君子戒慎乎其所不睹，恐懼乎其所不聞。莫見乎隱，莫顯乎微，故君子慎其獨也，致中和，天地位焉，萬物育焉。」此章之「慎獨」即道德主體之活動、工夫，而人須經由此工夫以彰顯性體，謂「天命之謂性」，是亦天道命相貫通，而「天」非決定人之主體活動，是待人經由道德實踐方能徹盡性體而上合於天。故《中庸》第廿章又云：「誠者，天之道也；誠之者，人之道也。誠者，不勉而中，不思而得，從容中道，聖人也。誠之者，擇善而固執之者也。」此章之聖人謂人已澈盡其仁性而與天為一，故謂其道德主體之發用，「不勉而中，不思而得，從容中道」，已是天理自然流行之氣象。另，此章亦明示天人之異，於天是「不勉而中，不思而得」即是至誠，而於人則須由「擇善而固執之」之努力，方能超凡以入聖。此亦是言由主體上澈至天道之指示。故《中庸》第廿二章云：「唯天下至誠，為能盡其性，能盡其性，則能盡人之性，能盡人之性，則能盡物之性，能盡物之性，則可以贊天地之化育，則可以與天地參矣。」由是以知《中庸》乃承孔、孟之緒而進一步發展至上達於天人合一。並且，其「天」乃道德天，即至誠之天。而此道德天之化育萬物乃成道德之創造，即亦成眾善之源。故《中庸》第二十六章形容天道曰：「故至誠無息，不息則久，久則微，微則悠遠，悠遠則博厚，博厚則高明。博厚，所以載物也；高明，所以覆物也；悠久，所以成物也。博厚配地，高明配天，悠久無疆。如此者，不見而章，不動而變，無為而成。天地之道，可一言而盡也，其為物不貳，則其生物不測。天地之道，博也、厚也、高也、明也、悠也、久也。今夫天，斯昭昭之多，久其無窮也，日月星辰繫焉，萬物覆焉。今夫地，一撮土之多，及其廣厚，載華月而不重，振河海而不洩，萬物載焉；今夫山，一卷石之多，及其廣大，草木生之，禽獸居之，寶藏與焉；今夫水，一勺之多，及其不測，黿鼉蛟龍

魚鼈生焉，貨財殖焉。詩云：『維天之命，於穆不已。』蓋曰：天之所以爲天也；『於乎不顯，文王之德之純。』蓋曰文王之所以爲文王也。純亦不已。」此章首尾聯貫，不容割裂，而主旨端在首句之「至誠無息」。蓋「不誠無物」（《中庸》‧二十五章），而唯「無息」，方能成天地之道。此即《易傳‧乾卦‧大象傳》之「天行健」也。於人亦然，唯「至誠無息」，方能澈盡其性，亦方能「贊天地之化育」而與「天地參矣」（《中庸》‧二十二章）。《中庸》謂聖人之道是「大哉聖人之道，洋洋乎，發育萬物，峻極于天。」（二十七章），聖人「之德之純」、「純亦不已」與「於穆不已」之天皆「至誠無息」也。在此，所當注意者，「至誠」之「誠」是一道德名詞，而「至誠」之工夫即「慎獨」，亦即《中庸》言天道、人道皆是立基於人之道德主體，又處處勉人澈盡「天命之性」至「無息」，要人「擇善而固執之」，要「修道以仁」（二十章），要「得一善，則拳拳服膺而弗失之」（八章），則如同《易傳‧乾卦‧大象傳》要勉人「自強不息」。在此即隱含人有擇善擇惡之可能，即不失言道德之「二元性」及主體自由義。

總之，先秦儒學之發展，由開立道德主體（即仁）而至天人合一，誠有先後相承之脈絡，而其意義是提示人一無限上達之道德進路，爲人之道德主體安立一超越之根據，並可成一「道德的形上學」，以爲萬有存在之根據。《中庸》第二十五章曰：「誠者，非自成己而已也，所以成物也。成己，仁也；成物，知也。性之德也，合內外之道也。」即謂仁者渾然與萬物爲一，仁體之發用必求及物潤物，必是由內而向外。在天而言，是秉此仁性而「爲物不貳」，在人而言，亦是秉持而求成己成物。以此相同之創造性德，故有天人之合一。《中庸》第三十章曰：「仲尼祖述堯舜，憲章文武，上律天時，下襲水土，譬如天地之無不持載，無不覆幬，辟如四時之錯行，如日月之代明。萬物並育而不相害，道並行而不相悖。小德川流，大德敦化，此天地之所以爲大也。」第三十一章曰：「溥溥如天，淵源如淵。見而民莫不敬，言而民莫不信，行而民莫不說。是以聲名洋溢乎中國，施及蠻貊。舟車所至，人力所通，天之所覆，地之所載，日月所照，霜露所隊，凡有血氣者，莫不尊親，故曰配天。」所以然者，蓋於天是「至誠無息」，於人亦是「無誠無息」，有此相同之性德，人能克盡其性，自可上與天配。又因天是道德天，其四時之行、日月之明，無不持載，無不覆幬，亦可爲人所參贊而齊。此間之樞紐端在此天是奠基人之性德上，天之內容是道德的，天之發用亦是道德，亦即「宇宙秩序即道德

秩序」；人之道德主體待澈盡，亦能無「須臾離」（可離非道也），能及物潤物，發用不止，且至公無私，如日月之明，如四時之行，亦即「道德秩序即宇宙秩序」。當然，此中之「宇宙秩序」是通過「誠」，即通過道德主體而顯有道德義之「宇宙秩序」，絕非未經道德主體點化之客觀宇宙。《中庸》第三十二章曰：「唯天下至誠，爲能經綸天下之大經，立天下之大本。知天地之化育，夫焉有所倚？肫肫其仁，淵淵其淵，浩浩其天。苟不固聰明聖知，達天德者，其孰能知之。」此已點明不論是天地之化育或人之盡其性以爲聖人，皆是倚恃相同之「仁」。

上文所以不單繁引《中庸》之言者，是爲見出先秦儒學之發展乃在「性之德」，而「性之德也，合外內之道也。」除單開一內在可善可惡之道德主體外，亦求上達「天」德，以此「天」而爲人努力之範型，爲人之性德之超越根據，並藉以安立萬有之存在，終而成就一可「合外內」之「道德的形上學」。如此，人之道德主體與天之內容乃形成往返貞定於「仁」（或言誠、元、……）之一本圓教。

以此義理脈絡觀之，勞思光先生之力持「心性論」而斥「天道論」者，實於性之德只限於內而不能通澈於外，亦即不符「合外內之道也」。並且，據上所言，實非由「天道」來決定主體之方向，反而是由人之道德主體去決定「天道」之意義。如此，則無所謂「何以人會悖逆天道」之問題矣。今順此先秦儒學由開出道德主體（仁）而至「合外內之道」之發展脈絡以視《易傳》，則更能看出《易傳》在先秦儒學發展上之價值與意義。牟宗三先生以爲《易傳》是先秦儒家繼承《論》、《孟》、《中庸》而來之後期之充其極之發展，即站在此求「合外內之道」之立場。牟先生說：

> 所謂充其極，是通過孔子踐仁知天、孟子盡心知天，而由仁與性以通澈「於穆不已」之天命，是則天道、天命與仁、性打成一片，貫通而爲一，此則吾亦名曰天道性命相貫通，故道德主體頓時即須普而爲絕對之大主，非只主宰吾人之生命，實亦主宰宇宙之生命，故必涵蓋乾坤、妙萬物而爲言，遂亦必有對天道天命之澈悟，此若以今話言之，即由道德的主體而透至其形而上的與宇宙論的意義。〔註14〕

又說：

> 「乾道變化，各正性命」，此話字面的意思是：在乾道變化底過程中，

〔註14〕牟宗三《心體與性體》，冊一，頁322。

萬物（各個體）皆各得正定其性命……此即是性命之本體宇宙論的
説明。此説明之方式尚未見之于《中庸》。《中庸》只表示性體與道
德通而爲一，未直接表示從道體之變化中説性命之正或成。但《易
傳》却直接宣明此方式。〈乾・文言〉曰：「乾元者始而亨者也，利
貞者性情也」，從利貞處説性情即是從個體之成處説「各正性命」也。
從利貞處見個體之成，即見性命之實，亦即見性命之正。乾道之元
亨利貞即表示乾道之變化。

大抵先秦後期儒家通過《中庸》之性體與道體通而爲一，必進而從
上面由道體説性體也。此即是《易傳》之階段，此是最後之圓成，
故直下從「實體」處説也。此亦當作圓滿之發展看，不當視作與《論》、
《孟》爲相反之兩途。蓋《論》、《孟》亦總有一客觀地、超越地言
之「天」也。如果「天」不向人格神方向走，則性體與實體打成一
片，乃至由實體説性體，乃係必然者。此與漢人之純粹的氣化宇宙
論不同，亦與西方康德前之獨斷形上學不同。此只是一道德意識之
充其極，故只是一「道德的形上學」也。〔註15〕

牟宗三先生如此之抒解應是對《易傳》地位之定評，亦當是理解《易傳》之
綱領原則。而「天道性命相貫通」一原則，謂之解易、論易之法眼亦無過矣。
因在此原則下方可見出先秦儒家前後相承之脈絡，見出仁與天爲一，心性與
天爲一，性體與道體爲一之「合外內之道」。而且，由此依應於道德主體之「道
德的形上學」是能使道德界與存在界合一，不僅能保住道德主體之自由，而
無礙於類似勞先生站在「心性論」之批評，更能對於萬有之存在給予一根源
之説明，並證立萬物之無限道德價值與意義。今以本文所屢言之「以仁定元」
言，可見出《易傳》根本是一對於存有論、宇宙論之道德價值之決定，即根
本是一以道德本心對於存有之道德之決定與貞定其內容而建立之形上學系
統。

　　總之，《易傳》是由道德意識之澈盡，而透至形而上之意義以言宇宙論。
若不識此，則將轉而視《易傳》爲由客觀天道決定主體之方向，於焉，主體
乃成被決定而失其言道德活動時可善可惡之自由，是如唐君毅先生所説之：

其思想似純爲以一形上學爲先，以由天道而人性之系統。……《易傳》
之文，尤似皆爲結論，而未嘗言其何以得此結論？陰陽乾坤等所實指

〔註15〕牟宗三《心體與性體》，冊一，頁33～35。

者為何？何以先道而後善而後性？更難得其實解，此則仍須有入路以
通之。此入路，吾意是仍須先在吾人之道德生活之歷程上，及吾人如
何本此心之神明，以觀客觀宇宙之變化上，有所取證。〔註16〕

又：

要之《易傳》之文，可合以表現一「隨處在自然之結合中，發現有
自然物之德之凝聚，而啟示人以某一德行上之意義」之教。此即可
形成一人之觀自然界之物之一態度。人能時時保此態度，則人不特
可學於詩書禮樂等由歷史傳來之人文，亦可隨處學于自然而見自然
變化無非教。如《禮記·孔子閒居篇》載孔子語：「天有四時，春秋
冬夏，風雨霜露，無非教也。地載神氣，神氣風霆，風霆流行，庶
物露生，無非教也」。〔註17〕

唐君毅先生在此所說之「隨處在自然物之結合中，發現有自然物之德之凝聚，
而啟示人以某一德性上之意義」，其實即牟宗三先生所說之以道德主體，道德
意識之充其極，以向外在自然界見出有道德意義之天道。於焉，宇宙萬物之
生成變化可為「元亨利貞」之四德，而人即由見出四德而效行之以修己德。
總之，是天道出乎人之道德心，而既立天道以為人之善性之超越根據。如此
往返貞定，亟成一「道德的形上學」。如此，又何有勞思光先生所說之理論上
之矛盾？〈說卦傳〉云：「觀變於陰陽而立卦，發揮於剛柔而生爻，和順於道
德而理於義，窮理盡性以至於命」（〈說卦一〉），又「昔者聖人之作《易》也，
將以順性命之理。」（〈說卦二〉），此即是《易傳》之總趣旨。朱子《易本義》
卷四云：「窮天下之理，盡人物之性，是因天道與人之性命相貫通，亦可謂「天
道」即通過人之道德心所見出，故只要人「窮理盡性」、「順性命之理」，即可
上合於天，如〈乾·文言〉所言之「夫大人者，與天地合其德，與日月合其
明，與四時合其序，與鬼神合其吉凶。先天而天弗違，後天而奉天時；天且
弗違，而況於人乎？況鬼神乎？」此中言與天地合，其德之所以不能，即是
因天地之四德本依立於人之道德主體，是道德意義之天地。其他如日月、四
時、鬼神亦皆是如唐君毅所言，是經由人之道心所見，而非自然界之日月、

〔註16〕 唐君毅《中國哲學原論·原性篇》（台北：學生，民國 74 年），第三章，頁 70
～71。

〔註17〕 唐君毅《中國哲學原論·原性篇》（台北：學生，民國 74 年），卷二，頁 163
～164。

四時。若是自然義之天地，則誠如荀子所言之天，是「天行有常，不爲堯存，不爲桀亡」，是「天不爲人之惡寒也輟冬，地不爲人之惡遼遠也輟廣」（《荀子·天論篇》）。又因爲是天道性命相通，故可謂「先天而天弗違。後天而奉天時」。若是依勞思光先生之說，則豈有「先天」之說？

　　至於人如何窮理盡性以上合於天？宋儒胡五峯闡述孟子之「盡心」與「萬物皆備於我」曰：

> 彪居正問：「心無窮者也，孟子何以言盡其心？」居正問仁，曰：「欲爲仁，必先識仁之體。」曰：「其體如何？」曰：「仁之道宏大而親切，知者可以一言盡，不知者雖設千萬言亦不知也；能者可以一事舉，不能者雖指千萬亦不能也。」曰：「萬物與我爲一，可以爲仁之體乎？」曰：「子以六尺之軀，若何而能與萬物爲一？」曰：「身不能與萬物爲一，心則能矣。」曰：「人心有百病一死，天下之物有一變萬生，子若何而能與之爲一？」居正竦然而去。他日某問曰：「人之所以不仁者，以放其良心也。以放心求心可乎？」曰：「齊王見牛而不忍殺，此良心之苗裔，因利欲之間而見者也。一有見焉，操而存之，養而充之，以至於大，大而不已，與天同矣。此心在人，其發現之端不同，要在識之而已。」（《知言》·卷一）

胡五峯在此所言之良心即是本心，而本心即天道。能充極不忍之端使本心全體顯現，則就德而非量言，其大與天同矣。是知天人合一之端緒只在一念之間，而待人擴充之，而能「大而無已」，則和「天行健」同。天是至公無私，仁者亦渾然與物同體（程明道〈識仁篇〉云：「學者須先識仁，仁者渾然與物同體」）此是天人合一之關鍵與入路，在《易傳》中對此雖無詳述，然《易傳》既是承孔孟之緒，亦是以道德意識以貞定天道之內容，則於如何成君子、成聖人之工夫上當預說此種對良心之存養擴充工夫。

　　此外，如唐君毅先生所言，《易傳》是向自然界發現德之啓示以修德，故見天道之行，乃有「元亨利貞」四德，而人則效行此四德以合天道。而四德之出，如「元」，是見天地之生生如人之仁。在天道是「元」，在人是「仁」，於是宇宙之生生非機械之生生，而是「善之長」之「元」之道德創造，若人有「仁」而有德性之行。於此可見《易傳》乃生生不息之價值宇宙論。《易傳》云：

> 言天下之至賾，而不可惡也。言天下之至動，而不可亂也。（〈繫上·八〉）

此似乎是一客觀宇宙論之陳述。因宇宙若從靜態之形式觀之，是一秩序井然，有條理之結構。若從動態之運行觀之，則又有一定之規律，即雖有變化萬千而不失條理，一切依不易之理則運行。然《易傳》有云：

> 天地之大德曰生。（〈繫上·一〉）

又云：

> 一陰一陽之謂道。繼之者善也，成之者性也。（〈繫上·五〉）

是知《易傳》乃以生生爲「德」，而繼此生生之德則是善之表現。以四德說之，亦可謂繼「善之長」之「元」而成人之「性」。故宋儒程明道曰：

> 「生生之謂易」，是天之所以爲道也。天只是以生爲道，繼此生理者，即是善道。

又曰：

> 萬物之生意最可觀，此元者善之長也，斯所謂仁也。人與天地一物也。（所引俱見《二程遺書》卷十一）

當然，上引之文以「生生」爲「善」，如本文前述，實當回溯到自身內在道德心之價值判斷，即天之生生所以爲善，是因人以生生爲善也。故愚以爲《易傳》作者是以內在應然之價值期求——亦即對生命本身予以價值肯定和嚮往之道德意識作詮解宇宙現象之出發點，而據此以透見超越之天道。並以眾生之源（即「元」）爲人之道德心之根源。再者，從而又肯定所見之大化流行亦是此「元」之流露與發用，此如程明道所說之「周茂叔窗前草不除，問之，云與自家意思一般。」（《二程語錄》·卷四）此「自家意思」可契合符應程明道之「觀天地生物氣象」（《二程語錄》·卷六）時所油然興起之道德意識。而此亦即四德說「以仁定元」之內在道德意識也。是知以《易傳》爲客觀天道論者之爲誤也。

第四節　四德說與《易傳》法天以修德之關係

前文所述乃闡明四德說之「元」即「仁」而「仁」即「元」之形上義理。而「元」與「仁」又皆具生生不息之創造力，皆以生生爲善，誠如漢儒云：「仁者好生」（《白虎通·德論第八》），如周敦頤曰：「生，仁也」（《通書》·十一）。故就天道言，有此「元」則必發用而「亨」、「利」、「貞」，就人道言，人之「仁」如「元」，亦必發用而爲禮、義、智、信諸德。故吾人可謂「元」是天地創生

之形上根源，乃是「善之長」，是一切價值之基礎，而生生之萬物爲此「元」之創造，乃非只是自然物亦是有價值意義之物。但是因此「元」實出乎人能依「自家意思」而善體客觀宇宙之生生乃得之，故前文屢言天之四德實出於人德。雖然，天德之發見與安立實又有助於人之自修其德，是人求順天德之啓示而努力於自我性德之充極實現所必須有之效法對象。此種法天以修人德之主旨精神，亦是《易傳》之主要精神。

〈乾・文言〉四德說可謂是《易傳》法天修德精神之總綱領。因四德說前言乾道之四德，後即言君子乃行此四德者，而《易傳》他文，如〈象傳〉，所效行之自然界種種啓示，實只是此乾道變化之一相貌耳。以下即舉《易傳》中言法天（此天之萬物之總名）以修德之文，並申敘與四德說之關係。

在《易傳》中，皆可謂人以道德心觀一切自然物，而由物之象見出德之啓示，以爲人所效行之。如《周易》八卦所象之天地、水火、雷風、山澤，及此八象之天高地下、水降火升、山凸澤凹，雷震出自內、風回繞於外諸變動、感應中，皆可有德。故〈象傳〉有言「觀其所聚」（〈萃卦〉）、「觀其所感」（〈咸卦〉）、「觀其所恆」（〈恆卦〉），即是由天地萬物觀出其情。而又言「正大而天地萬物之情可見矣」（〈蒙卦〉），知亦如前節所言，此萬象之德之情亦經由人之道德意識（正大）所凸顯出。因此，本此意以觀一切天地水火山澤風雷之自然物之相感相聚，皆如人之見宇宙之生生有「元亨利貞」之四德。於是「雷以動之，風以散之，雨以潤之，日以暖之」（〈說卦四〉）「在天成象，在地成形……剛柔相摩，鼓之以雷霆，潤之以風雨」（〈繫上・一〉）之變化與生物，及「動萬物者莫疾乎雷，撓萬物者莫疾乎風，燥萬物者莫熯乎火，說萬物者莫說乎澤，潤萬物者莫潤乎水，終萬物、始萬物者莫盛乎艮」（〈說卦・六〉）之自然物作用，皆可從此中得出天德而據以修人德。並且，據此種觀物象之變動、凝聚以見德之方法，亦可以謂「範圍天地之化而不過，曲成萬物而不遺」（〈繫上・四〉），故曰：「易與天地準，故能彌綸天地之道」。

《周易・象傳》即由八卦演爲六十四卦，以見天地萬物之德具在，並舉一當效行之德行於下，以見人與天地萬物可以合其德，如〈乾・文言〉之君子行天之四德也。他如〈象傳〉於〈蒙卦〉言其山下有泉，更言「君子以果行育德」，蓋言君子蒙以養正，當如山下不斷出泉般果毅而行之不止。又如〈師卦〉言地中有水，更言「君子以容民畜眾」，正是要人容畜眾民如地之積水也。他如〈小畜〉之言「懿文德」，〈反卦〉言「愼德，積小以高大」，〈益卦〉言

「見善則遷，有過則改」，〈小過卦〉言「君子以行過乎恭，喪過乎哀，用過乎儉」，〈晉卦〉言「自昭明德」，〈蹇卦〉言「反身修德」，〈大壯卦〉言「非禮弗履」，〈頤卦〉言「愼言語，節飲食」，〈損卦〉言「懲忿窒欲」，〈震卦〉言「恐懼修省」……，皆爲君子由自然界所啓示之德以自修其德之言也。至于〈鼎卦〉言「正位凝命」，〈艮卦〉言「君子思不出其位」，〈需卦〉言「飲食宴樂」，〈隨卦〉言「嚮晦入宴息」，〈大過卦〉言「獨立不懼，遯世無悶」，此乃君子自處之道及所樂之事，皆由自然界所啓示而得。

君子之學，除修己之外必言安人，乃仁心發用必求及物潤物之道也。故〈同人卦〉言「類族辨物」，〈未濟卦〉言「辨物居方」，〈兌卦〉言「朋友講習」，〈離卦〉言「大人以繼明照于四方」，此皆言君子因自然界之啓示以學，而所以學習者，爲濟民安天下也，故〈蠱卦〉言「振民育德」，〈臨卦〉言「教思無窮」，〈无妄卦〉言「時育萬物」，〈觀卦〉言「省方觀民設教」，則言君子由修己治學而成教也。

至於〈屯卦〉言「君子以經綸」，〈困卦〉言「致命遂志」，〈既濟卦〉言「思患而豫防之」，〈歸妹卦〉言「永終知敝」，〈萃卦〉言「除戎器，戒不虞」，〈明夷卦〉言「蒞眾用晦而明」，〈遯卦〉言「遠小人，不惡而嚴」，〈大有卦〉言「遏惡揚善」，〈咸卦〉言「以虛受人」，〈睽卦〉言「以同而異」，〈謙卦〉言「裒多益寡，稱物平施」，則是言君子致命遂志，修己待人，以成其事業之道。〈比卦〉言「建萬國，親諸侯」，〈履卦〉言「辨上下，定民志」，〈師卦〉言「容民畜眾」，〈頤卦〉言「聖人養賢以及萬民」，〈剝卦〉言「上以厚下安宅」，〈泰卦〉言「以裁成天地之道，輔相天地之宜」，〈革卦〉言「治歷明時」，〈豫卦〉言「作樂崇德」，〈渙卦〉言「享于帝立廟」，〈姤卦〉言「施命誥四方」，〈巽卦〉言「申命行事」，〈節卦〉言「制數度，議德行」，〈井卦〉言「勞民勸相」，則是言君子如何行王道之政以安天下之民。又至于〈噬嗑卦〉言「明罰敕法」，〈賁卦〉言「明庶政，无敢折獄」，〈解卦〉言「赦過宥罪」，〈豐卦〉言「折獄致刑」，〈旅卦〉言「明愼用刑，而不留獄」，〈中孚卦〉言「議獄緩死」，則是言君子之行善政，務使刑罰輕而民服。言「議獄緩死」，蓋亦效行天地之以生生爲德也。

從上所引之《易傳·大象》之言，可知君子之修己德乃至待人處世、推行王政以安民，俱是效行自然萬象之聚合、升降所啓示予人之德。而此種處處向自然界學習之哲學，當是《易傳》效天德以成人德之主要精神與價值，《四

庫全書總目提要・易類總序》曰：

> 《易》之爲書，推天道以明人事者也。……夫六十四卦大象皆有「君
> 子以」字，其爻象則多戒占者，聖人之情，見乎辭矣！

又王船山《周易大象解・乾》有云：

> 「以」，用也・體此卦之德以爲用也。……六十四象，因象以成德，
> 因時位而成象，時措之宜，各有所用，殊途百慮也。……子曰：「加
> 我數年，卒以學《易》，可以無大過」，知所用之謂也。

上引之說解皆甚能闡明《易傳》「神道設教」、「法天修德」之旨意。而向自然
界諸象發掘道德乃至器用之啓示，〈繫辭傳〉有如下之總說明：

> 古者包犧氏之王天下也，仰則觀象於天，俯則觀法於地。觀鳥獸之
> 文，與地之宜。近取諸身，遠取諸物，於是始作八卦，以通神明之
> 德，以類萬物之情。（〈繫下・二〉）

此即謂人可隨時學於自然，觀乎天、地、鳥獸，皆可得其「神明之德」。於焉，
凡外界之「象」皆可有德以啓示人修德行事。〈繫辭傳〉又云：

> 黃帝、堯、舜垂衣裳而天下治，蓋取諸〈乾〉、〈坤〉。剞木爲舟，剡
> 木爲楫，舟楫之利以濟不通，致遠以利天下，蓋取諸〈渙〉。服牛乘
> 馬，引重致遠，以利天下，蓋取諸〈隨〉。重門擊柝，以待暴客，蓋
> 取諸〈豫〉。斷木爲杵，掘地爲臼，臼杵之利，萬民以濟，蓋取諸〈小
> 過〉。弦木爲弧，剡木爲矢，弧矢之利，以威天下，蓋取諸〈睽〉。
> 上古穴居而野處，後世聖人易之以宮室，上棟下宇，以待風雨，蓋
> 取諸〈大壯〉。古之葬者，厚衣之以薪，葬之中野，不封不樹，喪期
> 无數，後世聖人易之以棺槨，蓋取諸〈大過〉。上古結繩而治，後世
> 聖人易之以書契，百官以治，萬民以察，蓋取諸〈夬〉。（〈繫下・二〉）

於此謂有取於〈乾〉、〈坤〉、〈渙〉、〈隨〉、〈豫〉、〈小過〉、〈睽〉、〈大壯〉、〈大
過〉、〈夬〉諸卦，即是有取於此數卦之象，如乾爲天坤爲地，由天象之健行
不已則人自強不息以修德行事，由地象之溥厚載物則人亦「厚德載物」、「容
民畜眾」，以達「垂衣裳而天下治」之內聖外王境地。故王船山曰：

> 六十二象自〈乾〉、〈坤〉而出。象有陽，皆〈乾〉之陽也；象有陰，
> 皆〈坤〉之陰也。學《易》者所用之六十二德，皆修己治人之事，
> 道在身心，皆「自彊」之事也，道在民物，皆「載物」之事也。……
> 以「自彊不息」爲修己之綱，以「厚德載物」爲治人之本，故曰：「乾

坤者其《易》之門户」，道從此而出，德從此而入也。（《周易大象解·
乾》）

故求修己以安天下之内聖外王事業，乃由見天地之象而效行所見之德而來。
故《易·繫辭傳》曰：「法象莫大乎天地」（《繫上·十一》），他如此文之〈渙〉，
其象爲風行水上（☵☴下坎上巽），〈渙·大象〉曰：「先王以享于帝立廟」，此
乃因渙是離散之意（〈序卦〉曰：「説而後散之，故受之以渙」），散則須謀聚
之，故漢儒荀爽曰：「謂受命之王，收集散民，上享天帝，下立宗廟也。」（《周
易集解》卷一引）。此是從因〈渙〉象之啓示而從事聚民立廟之政事。然「易
之爲道也，不可爲典要，唯變所適」（〈繫下·八〉），故於〈渙卦·大象〉言
聚民立廟之政事，於〈繫辭傳〉則可由風之行水上而制舟楫以涉大川，以濟
眾民。

又如〈隨卦〉之象爲「澤中有雷」（隨☱☳是震下兑上，震爲雷，兑爲潭），
〈大象〉曰：「君子以嚮晦入宴息」，晦，昏暗也，入夜爲晦，即取於陽入陰
中之象（震爲一陽向上，主東、春天；兑爲潭，是陰），君子有取此象，入夜
即息以養生。而在〈繫辭傳〉此處，則由下動（震爲動，見〈説卦〉）上説（兑，
悦也）言服牛乘馬引重致遠以利天下。

豫☳☷象是坤（地）下震（雷）上，其〈大象傳〉曰：「雷出地奮，豫。
先王以作樂崇德，殷薦之上帝，以配祖考。」蓋有取震雷之聲由地而上天，
而從事制作音樂以尊崇上帝及祖考之德業。〈繫辭傳〉則言「重門擊柝以待暴
客」，蓋是取雷之擊地有聲，若備盜賊時之擊柝，以聲相警戒也。

小過卦☳☶之象是上震下艮（震爲雷爲動，艮爲山），〈大象傳〉取之以戒
君子「行過乎恭，喪過乎哀，用過乎儉。」而此則取象以制杵臼。睽卦☲☱之
象是上離下兑，〈大象〉備取水火相離之意而言「君子以同異」，其意則如荀
爽之言「大歸雖同，小事當異。百家殊職，四民異業。文武並用，威德相反。
共歸於治，故曰君子以同異也。」（《周易集解》卷一引），指君子興事立業當
體察此水火離異之象，以使民分工分職，各有職司，而共成治道。而〈繫辭
傳〉於此則或取水火之相離而制弓矢，蓋取弓矢之用乃矢之離弓若火之炎於
水上也。大壯卦☳☰之象是上震下乾，〈大象傳〉曰「君子以非禮弗履」，蓋取
雷行天上之彊盛，君子法之，以克己而非禮勿視聽言動。王船山曰：

欲嚴非禮之防，非〈壯〉不可。……秉禮自彊，筋骸束，肌膚固，
心志定，如〈乾〉健行，如〈震〉雷動，則雖有留連不去之二陰（案：

指䷘上卦之五、上二爻），不能相誘以之於邪辟。君子進德，從容

馴至而勿助長，唯克己之功，則可用壯。（《周易大象解》，頁9）

是解〈大象傳〉言「非禮弗履」乃取雷震之疆力以行克己復禮也。至於〈繫

辭傳〉，則取此象以言聖人之教民建築宮室，以防禦天上有雷雨交加之災禍

也。大過卦䷛之象是巽下（風、木）兌上（澤），其〈大象傳〉曰：「澤滅木，

大過。君子以獨立不懼，遯世无悶。」其取象是澤水淹沒樹木，君子見此象

而自省，以培育處頓困之時，能勇毅獨立若木之堅挺，無畏於澤水之至。至

〈繫辭傳〉則言由此象以制定喪禮，用棺椁以殯葬。夬卦䷪之象是下乾（天）

上兌（澤），其〈大象傳〉曰：「澤上於天，夬。君子以施祿及下，居德則忌。」

其取水氣上於天而降爲雨，君子效之以「施祿及下」，且天之降雨惠下，並不

自居以爲有德，君子亦當「無伐善無施勞」而言「居德則忌」，此甚具老子「萬

物作焉而不辭，生而不有，爲而不恃，功成而弗居」（《老子》，二章）及「上

德不德，是以有德；下德不失德，是以無德」（《老子》，三十八章）之無爲義。

是在〈夬卦・大象傳〉取象以言君子之施德當不居德，而在〈繫辭傳〉則取

夬乃決斷之象以言古聖人作書契事。韓康伯注此謂：「夬，決也。書契所以決

斷萬事也。」

　　由上所引之〈繫辭傳〉乃言取象以制器成治，較諸〈象傳〉，則知由自然界

所得之啓示非僅用以內修己德，亦用之以助君子推行王道，以制器利民。由此

處觀自然之象以成內聖外王言，《易傳》實乃「盡性之書」（王船山《周易內傳》，

卷五），其用乃如民國熊十力所謂之「通內聖外王而一貫」（〈原儒序〉），故〈繫

辭傳〉曰：

夫易何爲者也？夫易，開物成務，冒天下之道，如斯而已者也。是

故聖人以通天下之志，以定天下之業，以斷天下之疑……崇高莫大

乎富貴，備物致用，立成器以爲天下利，莫大乎聖人。（〈繫上・十

一〉）

　　又如前文所述，《易傳》之「天德」，實乃出乎「人德」，此由〈乾・文言〉

四德說以「善之長」定義乾元，並以「君子體仁」對應「乾元」可知。因天

德出乎人德（天是自然界萬象之總名）。故《易傳》之由自然界所得之啓示才

可會因人心之虛靈及不一之用而有不同之「德」。總之，《易傳》之精神是在

法天象以成德，故《易傳・繫辭傳》云：

聖人設卦觀象，繫辭焉而明吉凶。（〈繫上・一〉）

此吉凶正如王船山所謂：「修之者吉，修其性之良能也。悖之者凶，悖其性之定理也。」(《周易內傳》，卷五) 能全盡人之良能之性，則與天德澈合。在此義下，方可言「自天佑之，吉无不利。」(〈繫上·一〉)，此所謂无不利者，非指人無禍害及身，乃指克盡性德，自與天合，即與天合則無生死而永存。今據天德出乎人德，及修人德以合天德觀《易傳》，方可免去如術數易之迷障。如《易傳·繫辭傳四》言：

> 易與天地準，故能彌綸天地之道。……與天地相似，故不違；知周
> 乎萬物而道濟天下，故不過；旁行而不流，樂天知命，故不憂；安
> 土敦乎仁，故能愛。範圍天地之化而不過，曲成萬物而不遺，通乎
> 晝夜之道而知，故神无方而易无體。

言「神无方而易無體」，是指人之心。澈盡心之用，效法由心所見之天地之德。又因天德本出乎人德，故能言合乎天地。孔穎達解〈乾〉六畫成卦以象天，不言天而言〈乾〉者曰：

> 天者，定體之名，乾者，體用之稱。故〈說卦〉云：「乾，健也。」
> 言天之體，以健爲用。聖人作《易》本以教人，欲使人法天之用，
> 不法天之體。(《周易正義》，卷一)

此所謂「天之用」者，即天之德。人所當法者即此，而非彼自然天地也。故所謂天人合一者，亦即合此由人所見之天地之德，非合彼自然天地也。

　　以上總說《易傳》法天德以修人德之旨意，而此旨意實又可以〈乾·文言〉四德說爲總綱領也。蓋〈乾〉爲首卦，而乾之「元」又爲「善之長」，不但是創生之源亦是價值之源，而此「元」又即人之「仁」，乾之四德可爲人所效行，故愚以爲四德說是《易傳》法天以修德之總綱領也。

第五節　〈乾·文言〉與《易傳》中之四德說

　　本章旨在說明所謂〈乾·文言〉四德說，從表面形式言，似謂因天道有此四德，而人秉天命，故人有四德。人克盡人之四德，則人上合天道。然以西方哲學立場言，若如此，非但不足以解釋《易傳》中言人亦有惡之事實，亦不足以解釋何以《易傳》中由象見德之不一。故所謂乾之四德者，當解爲以人之「仁」定「元」之內涵意義，所謂天德者實出乎人德。此是以「道德的形上學」來解《易傳》。唯如此，道德主體之自由義可保證。且由人之道德

意識透至一形上之原，構成一「合外內之道」，不僅人之道德心有存在之來源，亦可以解釋宇宙萬有之存在。此立場在哲學批判上，除能免去「客觀天道論」之矛盾外，從先秦儒學之發展上，亦可獲得支持。

因此，當言乾之四德時，須免去如朱子或漢儒等以「春夏秋冬」、「生長遂成」、「金木水火」等客觀宇宙之象直接比附乾之四德。今既確定〈乾・文言〉四德說之義理性格，以下將臚列《易傳》中與〈乾・文言〉四德說在義理上相通之文字，並略言其間之關聯，以具〈乾・文言〉四德說可爲了解易傳哲學之綱領：

（一）〈乾卦・彖傳〉曰

> 大哉乾元，萬物資始，乃統天。雲行雨施，品物流形。大明終始，
> 六位時成；時乘六龍以御天。乾道變化，各正性命，保合太和，乃
> 利貞。首出庶物，萬國咸寧。

案：孔氏《周易正義》、伊川《易傳》、朱子《易本義》等俱以之釋乾之「元亨利貞」四德。如孔氏《正義》謂「大哉乾元，萬物資始，乃統天」三句總釋乾與元，理由是「萬象之物皆資取乾元而各得生」（《周易正義》，卷一），即以乾元爲創生萬物之本體。故孔氏以爲「雲行雨施，品物流形」即釋亨。即以亨爲乾元之發用開通萬物之表現，故孔氏又說：

> 言乾能用天之德，使雲氣流行，雨澤布施，故品類之物，流布成形，
> 各得亨通，无能壅蔽，是其亨也。（《周易正義》，卷一）

孔氏此釋可與〈繫辭傳〉之「闔戶謂之坤，闢戶謂之乾，一闔一闢，謂之變，往來不窮謂之通」（〈繫上・十一〉）參看。吾人可以說「亨」即乾元之闢、變、通。若以形上形下之分，則乾元是形上之體，亨則是乾元之形下發用；乾元不可聞不可見，而亨即那流佈天地之品物。至於利貞二德，《正義》以爲「乾道變化各正性命……保合太和，乃利貞」即釋利貞二德。然孔氏《正義》於此卻參用佛家情識之說，謂乾道乃无情无識，而人稟命乃有情有識之雜染，實已悖離〈彖傳〉專言乾元創生之本義。〔註18〕另外，若以〈乾・彖傳〉較諸〈乾・文言〉，則見〈乾・彖傳〉須繫之於〈乾・文言〉之義理下，否則「元亨利貞」四字於〈乾・彖〉中雖皆有，然只有客觀宇宙論之意義，其「元」只見創生義。唯有使「元」是「善之長」，〈乾・彖〉之「乾道變化，各正性

〔註18〕孔氏《周易正義》中參用佛教思想，參自龔鵬程《孔穎達周易正義研究》，頁232。

命，保合太和，乃利貞」才有道德生化之意義，否則只成爲萬物生生之描述語耳。因此，〈乾・象〉之「元」須是〈乾・文言〉之「元」。伊川《易傳》及朱子《易本義》雖亦站在客觀天道論之立場釋此，然較能保握此體，如伊川《易傳》卷一云：

> 大哉乾元，贊乾元始萬物之道大也。四德之元，猶五常之仁。……乾
> 道變化，生育萬物，洪纖高下，各以其類，各正性命也。天所賦爲命，
> 物所受爲性，保命大和，乃利貞：保，謂常存；合，謂常和。保合大
> 和，是以「利」且「貞」也。……王者體天之道，則萬國咸寧也。

伊川於此，言「元」猶「仁」，猶着字未安妥。當謂「元」即「仁」也。謂「各正性命」是「萬物洪纖高下，各以其類」，是以《中庸》之「萬物並育不相害」釋「各正性命」；謂「保謂常存，合謂常和」釋利貞，是用〈繫辭傳〉之「成性存存，道義之門」（〈繫上・六〉）。是較孔氏《正義》能保握住乾道變化、創生是道德意義之生生。朱子《易本義》卷一則云：

> 此專以天道明〈乾〉義，又析「元亨利貞」爲四德以發明之。……
> 言乾道變化，无所不利，而萬物各得其性命以自全，以釋利貞之義
> 也。……蓋嘗統而論之：元者，物之始生；亨者，物之暢茂；利則
> 向於實也；貞則實之成也。實之既成，則其根蒂脫落，可復種而生
> 矣。此四德之所以循環而无端也。然而四者之間，生氣流行，初无
> 間斷，此元之所以包四德而統天也。其以聖人而言，則孔子之意。
> 蓋以此卦爲聖人得天位、行天道而致太平之占也。

由上所引伊川、朱子之解，若由〈乾・象〉之文字言，〈乾・象〉因只具宇宙論之意義，故以萬物之生生解之本無礙，但是一如此，則落入前章所謂之「客觀天道論」而有無法解釋人何以會悖行此道而行惡之理論困難。且若比較〈乾・象〉與〈乾・文言〉，〈乾・文言〉釋四德是「善之長」、「嘉之會」、「義之和」、「事之幹」，乃以道德心點化、賦予宇宙生化之本體及其發用以道德意義。故唯使〈乾卦・象傳〉以〈乾・文言〉爲義理基礎，其「各正性命」、「利貞」才有意義。否則，「雲行雨施，品物流形」亦只是自然界生生之現象耳。

（二）〈乾・文言〉曰

> 「乾，元」者，始而亨者也；「利，貞」者，性情也。乾始能以美利
> 利天下，不言所利，大矣哉……時乘六龍以御天也；雲行雨施，天
> 下平也。

案：解《易》者皆以此文亦是釋「元亨利貞」四德。今以此和〈乾‧文言〉首段之四德說比較，謂「乾始能以美利利天下」，頗有老子「生而不有，為而不恃，功成而弗居」（《老子》‧二章）之意。若以乾元即仁言，利天下是乾元之無私表現，是一無私之性情，此可與儒家言仁者與萬物一體相通。〔註 19〕蓋仁心之發用貴乎及物潤物，務使心外之物各正性命、各得其所，若乾元必亨通而利天下。如前文所述，乾元即仁，則乾元之始而必亨，若人之仁求推行於外，故〈乾‧文言〉有言曰：「君子學以聚之，問以辨之，寬以居之，仁以行之。」乾元之行是仁之用，於人而言，如〈坤卦‧文言〉曰：「君子黃中通理，正位君體，美在其中，而暢於四支，發於事業，美之至也。」因此，〈乾‧文言〉所言之「美利利天下」之「美」，當視同〈坤‧文言〉說君子行仁之「美」也。此是因「元」即「仁」也。總之，〈乾‧文言〉此段文字言乾元創生萬物是「美利利天下」且「不言所利」，已同乎〈乾‧文言〉首段言「元」是「善之長」，是以道德意識解釋宇宙之生生，即賦予乾元以道德內容。

（三）〈坤卦‧象傳〉云

> 至哉坤元！萬物資生，乃順承天。坤厚載物，德合无疆。含弘光大，
>
> 品物咸亨。牝馬地類，行地无疆，柔順利貞，君子攸行。

案：坤元之元，當即是乾元之元。如熊十力先生謂「乾元者，乾之元也。非乾即是元。」又謂「坤之元，即是乾之元。非坤別有元。」又謂：「乾元者，乾坤之本體，乾坤者，乾元之功用。體用本不二。乾元資始資生之德，即於乾坤而見，以乾坤是乾元之功用故。」，〔註 20〕如此，《易傳》方不落入二元論。《易傳》雖分乾坤二元，然乾坤乃一陽一陰，是一元之不同表現，而此元即是「善之長」之「元」。是〈坤‧象〉「乃順承天」之「天」即「元」也，亦即「天道」。〈坤‧象〉言「萬物資生」、「品物咸亨」之宇宙生生，亦當以四德說為基礎，方不成為客觀宇宙論。

從上所述，則知〈乾‧文言〉首段之四德說在《易傳》中之價值。唯有

〔註 19〕 程明道〈識仁篇〉曰：「學者須先識仁。仁者，渾然與物同體：義、禮、智、信、皆仁也。」又嘗曰：「萬物之生意最可觀，此元者善之長也，斯謂仁也。人與天地一物也，而人特自小之，何哉？」（《二程語錄》‧卷一）就道之乾「元」言，乃萬物之源；就人之「仁」言，若推擴至極，亦是得渾然與天地萬物一體也。

〔註 20〕 《易傳》雖有乾元、坤元，然非二元論。此說參自熊十力《原儒》（台北：明倫，民國 64 年），頁 289～290。

以四德說爲基礎，才能使《易傳》中言「萬物資始」、「萬物資生」、「品物流形」之客觀宇宙生生之描述語轉而爲本體宇宙論之義理，而免去客觀天道論之理論上困難。唯有「元」是「善之長」是君子當體之「仁」，才能解釋「一陰一陽之謂道，繼之者善；成之者性。」（〈繫上・五〉）又因四德說之元即仁，故可謂是天道性命相貫通。而可以成爲《易傳》天人哲學之總綱領。下再分天道與人道及天人之分說四德。

1. 就天道論言

「元亨利貞」乃天地創生萬物之體用說明，「元」當同於「大極」，爲宇宙生生之本體，萬物由此資始資生。「亨」則爲「元」之通出創闢，爲雲行雨施，品物流形，故言「嘉之會」也。又以此而言「元」之「美利利天下」。既是美天下，乃不私，呈無私載無私覆之德，是其「利」德乃「義之和」也。而「貞」者，乃恆道，如〈恆卦・象傳〉曰：「天地之道，恆久而不已也。……日月得天而能久照，四時變化而能久成，聖人久於其道而天下化成，觀其所恆，而天地萬物之情可見矣。」是知，所謂「乾元者，始而亨者也，利貞者性情也」（〈乾・文言〉）之「性情」，乃指乾元創闢萬物所呈現之無私及恆久堅持之德也。故「貞」者，乃元道「爲物不貳」之恆德，亦即乾元創生之正固表現。

2. 就人道言

「元亨利貞」乃人由內在之「元」──即「仁」而發爲道德行爲及外王事業之體用說明。因天道日新，人亦當效之而自強不息，努力開發人之性德，及《易傳》言「日新之謂盛德」（〈繫上・四〉）。以人有「元」，其創造性是與天之「元」相同，皆是不容己、無時或歇之發用，此若孟子言惻隱之心，乃「非所以內交於孺子之父母也，非所以要譽於鄉黨朋友也，非惡其聲也」（《孟子・公孫丑上》），是純粹在其自己之發用。又「元」必「始而亨」，人之「仁」亦必發用爲道德行爲成就道德事業。就個人之道德行爲言，必是「暢於四支，發於事業」（〈坤・文言〉），亦如孟子謂「君子所性，仁義禮智根於心，其生色也，睟然見於面，盎於背，施於四體，四體不言而喻」（《孟子・盡心上》）；就道德事業言，必是「知周乎萬物而道滿天下」（〈繫上・四〉），是「以通天下之志。以定天下之業，以斷天下之疑」（〈繫上・十一〉），此因聖人必「吉凶與民同患」（〈繫上・十一〉）。亦如孔子言其志是「老者安之，朋友信之，

少者懷之」（《論語・雍也篇》），如孟子言「古之人，得志，澤加於民；不得志，修身見於世。窮則獨善其身，達則兼善天下」（《孟子・盡心上》）。又說：「禹思天下有溺者，由己溺之也；稷思天下有飢者，如己飢之也。」（《孟子・離婁下》）是知人有「仁」則如天之有「元」，「元」必發用而成「亨」、「利」、「貞」，人亦以有「仁」而可就如禮、義、貞固之德。

3. 就天人之辨言

客觀宇宙之天，是「鼓萬民不與聖人同憂」，是一生生不息之流行耳。以生為德，乃出於人之仁心所賦予，而乾元之四德，實亦出於人之四德。是人以其道德意識通透至天，而謂創生之源乃「善之長」，而元之發用，乃有「亨、利、貞」之德。如此，方能解釋人何以會既受天命又可悖行天之所命。因此，乾元之四德，實是人求修德心理之效行對象，其效用是在提撕人以修德。孔子曰：「德之不修，學之不講，聞義不能徙，不善不能改，是吾憂也。」（《論語・述而篇》），以人有德之不修之憂，故須有效而行之之對象，「元亨利貞」即是也。

第四章　《周易》經傳中之元亨利貞字義

　　本文前章，主在闡明〈乾・文言〉四德說之義理，說明乾元創生之四德，實乃出於人德，是人以內在之道德意識安立一價值之源，並以此價值之源說明天地之生生。於是，天地之生生，乃有元、亨、利、貞四德。而元、亨、利、貞四德，可爲人效行之。又及人效行且澈至其極，則人德上合天德。亟成天人合一之道德修養極境。因爲〈乾・文言〉四德乃以價值決定存有（以仁定元），而能明示天人合一之形上基礎及工夫，實足以作爲理解整部《易傳》之義理綱領。唯能如此，《易傳》中一些貌似客觀天道論之文字方能轉化，方能總繫之於〈乾・文言〉四德說之本體宇宙論下，而免去天命決定性命而人又會行惡有過之矛盾。總之，本文前章旨在彰明〈乾・文言〉四德說對於《易傳》哲學之價值與意義。

　　今既已對四德說之義理加以疏通，然而若以此種訓解放置在〈乾・文言〉以外之《周易》文字，尤其是《周易》中眾多之元、亨、利、貞之文字上，又是否可以按〈乾・文言〉之解釋通《周易》中所有之元、亨、利、貞？又是否可視〈乾・文言〉四德說爲一條例以解釋全《周易》六十四卦中有此四字之部份？因爲歷來解《易》者除在義理詮解上或有悖離上述之本體宇宙論外，又率以〈乾・文言〉四德說通貫全部《周易》，似乎《周易》除六十四卦符號系統與義理有一嚴謹結構外，在文字解釋上亦當如此。其實，這容或未考慮及以下問題：

　　（一）《周易》一書非一時一人之作，不但卦、爻辭之經與《十翼》之傳非同時作品，即以《十翼》部份言，其撰述亦非一時一人之作。既如此，豈可以《易傳》中之〈乾・文言〉對元、亨、利、貞之解釋通貫全部《周易》

之元、亨、利、貞四字？

（二）〈乾‧文言〉四德說對〈乾卦〉卦辭之訓解方式，是一種依文託義之註解，亦即是藉〈乾卦〉卦辭以抒發義理。然而同在〈乾‧文言〉中卻已對一「元」字有不同解釋，如在〈乾‧文言〉首段謂「元」是「善之長」，而在中段卻又言「乾元者，始而亨者也」。這歧異雖可用義理來疏通之，但落在字義上卻又明屬不同解釋。〈乾‧文言〉已是如此，又何況其他？

爲了對此問題有一明確之解釋，本章嘗試如下之疏解：

一、試比較《周易》經與傳中元、亨、利、貞四字之字義。

二、試以〈乾‧文言〉四德說解釋六十四卦下之彖、象傳文字，再由六十四卦彖、象傳中看能否與四德說相貫通。

三、試疏解「元亨利貞」與「仁義禮智信」之關係。此以歷來研《易》者率皆好以「仁義禮智信」比附「元亨利貞」而未詳述其間之關係也。

希望經由如此之整理疏通，能確立〈乾‧文言〉四德說在《周易》文字訓義上該有之定位，而有助於對《周易》之瞭解。

第一節　《周易》經中之「元亨利貞」字義

一、《周易》經中之「元亨利貞」

「元亨利貞」四字，在《周易》卦爻辭中多有之。此四字連用者，如〈乾〉、〈坤〉、〈屯〉、〈隨〉、〈臨〉、〈无妄〉、〈革〉等七卦，然唯〈乾卦〉卦辭單言「元亨利貞」，其餘皆於四字之下繫有他詞，如〈屯卦〉卦辭是「元亨利貞，勿用有攸往，利建侯」。又，〈坤〉卦是「元亨；利牝馬之貞。君子有攸往，先迷後得。主利，西南得朋，東北喪朋。安貞，吉。」是雖皆有此四字，然明顯地「利」與「貞」不能如四德說般獨立成詞。是故，不可以〈乾‧文言〉之四德說以解他卦之「元亨利貞」四字可知矣。至於其他之卦、爻辭，亦有連用此四字者，如「元亨」、「利貞」；有單用此四字者，如言「亨」、言「利」、言「小亨」、言「光亨」、言「小利」、言「不利」、言「无不利」、言「无攸利」、言「貞吉」、言「貞厲」、言「居貞」、言「艱貞」、言「永貞」、言「可貞」、言「不可貞」等等。亦有隔用此四字者，如言「利君子貞」、言「不利君子貞」、言「元永貞」、言「利女貞」、言「利居貞」、言「利艱貞」、言「利武人之貞」、

言「利幽人之貞」、言「利于不息之貞」等。諸如此類，不一而定。吾人僅由字面之瞭解言，顯然「利君子貞」之「利」不可解爲如〈乾‧文言〉之「義之和」，而只當解爲利益之利。是知〈乾‧文言〉四德說不可解釋〈乾卦〉之外之「元亨利貞」。甚且可說，〈乾‧文言〉四德說亦不當於〈乾卦〉之卦辭字義。然則卦、爻辭中之「元亨利貞」四字又當何解？

在本文第二章中，曾提及高亨、蒙傳銘二先生以爲視「元亨利貞」四字爲〈乾〉之四德或是誤解經文字義，〔註1〕以爲二者之研究雖能明經文字義，然斷然否定〈乾‧文言〉之依文託義，恐是不能正視《易傳》本非爲解經文字義而作。然二先生於經文中「元亨利貞」字義之解釋上，誠有不可疑者。以下，即綜合二者之研究，以言《周易》經文中「元亨利貞」之字義。

（甲）釋　元

元之義爲大。此高、蒙二氏所共許。在《周易》經文中，元字無獨立爲句者，凡有元字必增文於下，其例有四：（一）元吉，（二）元亨，（三）元夫，（四）元永貞（此例高亨無。高亨以爲〈比卦〉之「元永貞，无咎」、〈萃〉九五之「元永貞、悔亡」之元下當脫去亨字，蒙傳銘於此駁正甚詳，從之）。〔註2〕而元字皆作大解。

（乙）釋　亨

亨之字義，高亨以爲即享祀之「享」，蒙文則以爲當釋爲「通」。高亨曰：
　　亨即享祀之享者，《說文》：「舍，獻也，從高省，曰象進孰物形。」

〔註1〕詳見高亨《周易古經通說》（台北：華正，民國65年），〈元亨利貞解〉。蒙銘傳〈周易「元亨利貞」析論〉（《中國學術年刊》，卷二，67年）。本章析論《周易》經中「元亨利貞」字義，多採用上述二人之研究外，另屈萬里先生之〈說易散稿〉亦是本章討論之基礎，以徵引甚夥，以下皆隨文註明出處。

〔註2〕高亨在其《周易古經今注》（台北：樂天，63年）〈比卦〉下，謂〈比卦〉卦辭「元」下脫去「亨」字。其根據乃據《左傳‧昭公七年》筮例中，孔成子以《周易》筮，得〈屯〉之〈比〉，史朝答之曰：「元亨，又何疑焉！」又曰：「二卦皆云，子其建之。」故高氏以爲「考史朝所謂『元亨』者，〈屯〉之卦辭也。所謂『二卦皆云』者，〈屯〉、〈比〉二卦皆云『元亨』也。」然考諸《左傳》筮例言之卦者，甲卦變乙卦，所得之筮辭當是甲卦變爻之爻辭。故〈屯〉之〈比〉，其筮辭應爲〈屯卦〉初九爻辭（〈屯〉之〈比〉），而非〈屯卦〉卦辭。〈屯〉之初九爻辭曰：「磐桓，利居貞，利建侯。」〈屯卦〉卦辭曰：「元亨，利貞。勿用有攸往，利建侯。」並言「利建侯」，正與《左傳‧昭公七年》問「建侯」事合。故史朝所謂之「二卦皆云」者，並不是指〈屯〉與〈比〉之卦辭。故高亨之說未必。

篆文作 ，隸書作享，或作亨。亨、享實一字也。……享本獻物以
祭之義，……引申獻物致貢亦曰享。……其在《周易》，亨即此義，
尤爲明顯。〈困〉九二曰「利用享祀」，〈損〉曰「曷之用二簋，可用
享」，其字作享，其義亦決爲享祀，其證一也。〈大有〉九三曰「公
用亨于天子」，此亨字乃諸侯致貢之義。〈隨〉上六曰「王用亨于西
山」，〈益〉六二曰「王用亨（亨今本作享，《釋文》作亨）于帝」，〈升〉
六四曰「王用亨于岐山」。此三亨字皆享祭之享，確然無疑，其證二
也。〈豐〉曰「亨，王假之」，〈萃〉曰「亨，王假有廟」，〈渙〉曰「亨，
王假有廟」。上言「享」，故下言「王假」，此二亨字即享祀之享，亦
確然無疑，其證三也。……故凡《周易》中單言「亨」者，古人舉
行享祭也；言「元亨」者，古人舉行大享之祭也；言「小亨」者，
古人舉行小享之祭也。（《周易古經通説》，頁88）

蒙氏對於〈隨〉上六、〈升〉六四、〈益〉六二中之「亨」爲享無疑義。惟於
「凡《周易》中單言『亨』者，古人舉行享祭也」則以爲非是。理由是《周
易》經文中首字爲「亨」者，與高氏所舉之例用法不同，其文曰：

其一，經文首字用「亨」者，皆獨立成句；此三「亨」字則不能。
其二，經文首字用「亨」者，皆能明示各該卦之吉凶休咎；此三「亨」
字則不能。其三，經文首字用「亨」者，乃形容詞，然亦可視爲動
詞；此三「亨」字，則必僅爲動詞，決不能視爲形容詞。其四，經
文首字用「亨」者，縱即視爲動詞，皆不言其所「亨」之對象，此
三「亨」字，則皆言其所「亨」之對象，如「亨于西山」之西山，「亨
于岐山」之岐山，「亨于帝」之天帝，是也。據此所述，可知經文首
字用「亨」者，決非「享祭」之義，彰彰明甚！然則其涵義謂何？
曰：「亨」字訓「通」，以之解經文首字用「亨」者，莫不暢通順達，
渙然冰釋也。（〈周易「元亨利貞」析論〉，頁12）

蒙文既定「亨」爲「通」，並以之推於《周易》經文中用「亨」字之例，如（一）
經文首字用「亨」者，（二）經文中間用「亨」者，（三）經文末字用「亨」
者，（四）元亨，（五）小亨，（六）光亨。以爲如此之「亨」皆當釋爲「通」，
唯〈大有〉九三「公用亨于天子，小人弗克」，〈隨〉上六「拘系之，乃從維
之，王用亨于西山」，〈升〉六四「王用亨于岐山，吉，无咎」，〈益〉六二「王
用亨于帝，吉」中四「亨」字，以皆不能獨立成句，可不必共論。蒙傳銘對

高亨於「亨」字之訓釋駁正似乎甚審矣，然亦有如下問題：

（一）享字用法有元亨、小亨、光亨，非獨立成句者，然蒙傳銘又以〈大有卦〉等四例為非獨立成句而不論，似有不周延處。

（二）高亨舉〈豐〉、〈萃〉、〈渙〉三卦之例言「亨」當是「享」。今列全文於下：〈豐卦〉卦辭曰：「豐：亨，王假之；勿憂，宜日中。」〈萃卦〉卦辭曰：「萃：亨，王假有廟；利見大人，亨利貞；用大牲吉，利有攸往。」〈渙卦〉卦辭曰：「渙：亨，王假有廟，利涉大川，利貞。」此三卦中之「亨」字用法，皆是在卦辭之首或中間，然如蒙傳銘釋為「通」，可乎？高亨於其《周易古經今注》中，注〈豐卦〉卦辭：

> 亨即享字。《集解》引虞翻曰：「假，至也。」字借為假，《說文》：「假，至也。」王假之言，言享之時，王親至其處也。《易》中亨字有指明享上帝者，〈益〉六二云：「王用亨于帝」是也。有指明享名山之神者，〈隨〉上六云：「王用亨于西山」，〈升〉六四云：「王用亨于岐山」是也。有指明享先王者，〈萃〉云：「亨，王假有廟。」〈渙〉云：「亨，王假有廟」，是也。其泛言亨者，當指享先王，唯此文所謂亨，殆非指一端，故曰：「亨，王假之。」之只代所至之處耳。……宜日中者，言舉行享祀，宜在日中之時也。（《周易古經今注》，頁 190～191）

此說姑不論泛言亨者是否即享先王，然從〈豐卦〉卦辭全文言，有明言往享之人，有明言享祀之時，則經文首字之「亨」實當解為享祀之享，不可解為通。至於〈萃〉、〈渙〉二卦，亦如此。如〈萃卦〉卦辭中，首字之亨下繫享祀之人及地點；中間之亨下又有「用大牲吉」之享祀品之規定，則「亨」亦當為「享」。是以蒙傳銘雖析首字用亨與〈隨〉上六等四例在句法、詞性之差異，又以「通」義為訓「亨」之例，至少於此三卦之解釋上似有商榷之餘地。

（三）亨為享，較合文字之初義。以亨為通，或是由享祀乃求人意上通於天帝或先王引申來。是以，若以亨為通，亦未必合乎時代較古之經文。

（四）蒙銘傳以經文首字用亨之詞性必為形容詞或動詞，然而「王用亨于西山」等例之「亨」，確為動詞無疑。只是卦爻辭首字用亨者，若照高亨之解說，亦可為名詞。如〈蒙卦〉卦辭首字之亨，高亨謂「古人舉行亨祀，曾筮遇此卦，故記之曰亨。」（《周易古經今注》，頁 17）如此之辭，亦合〈蒙卦〉卦辭中之「初筮告，再三瀆，瀆則不告。」之卜筮原意。此以「古人祭祀，

必問諸卜筮以告可否。」（《周易古經通説》，頁88）

（五）蒙文對高亨説法之駁正，雖能説明經文中首字用亨者與〈隨〉上六四例之亨字在句法詞性上不同，但並不可據此下結論謂經文首字用「亨」者當訓爲「通」。且其訓亨爲通乃以《集解》卷一引《子夏易傳》訓亨爲通爲證，然《子夏易傳》實乃西漢宣帝時韓嬰之作品，〔註3〕則是否可據此漢代之作定商末周初之經文字義？

據上所述，私以爲「亨」之字義似仍可遵從高亨之説解。

（丙）釋　利

「利」之字義是利益之利。此高、蒙二人所共許。於《周易》經文中，「利」字用法可詳分如下：

1.「利字獨用爲句」者

此唯〈坤卦〉卦辭一見。坤：「元，亨，利牝馬之貞。君子有攸往，先迷；後得主，利。………」

2. 直言「利某某」者

（一）利某人。僅〈大畜〉初九：「有厲，利巳。」

（二）利某方。如〈蹇〉「利西南，不利東北。」〈解〉「利西南。」凡二見。

（三）利某事

（1）利建侯，如〈屯〉「勿用有攸往，利建侯。」〈屯〉初九：「磐桓，利居貞，利建侯。」

（2）利行師征伐。如〈豫〉：「利建侯行師。」〈謙〉上六：「利用行師，征邑國。」〈謙〉六五：「利用侵伐，无不利。」

（3）利禦寇。如〈蒙〉上九：「擊蒙；不利爲寇，利禦寇。」〈漸〉九三：「利禦寇。」

（4）利遷國：如〈益〉六四：「中行告公從，利用爲依遷國。」

（5）利作大事。如〈益〉初九：「利用爲大作。」

（6）利賓於王。如〈觀〉六四：「觀國之光，利用賓于王。」

（7）利見大人。卦辭見諸〈訟〉、〈蹇〉、〈萃〉、〈巽〉，爻辭見諸〈乾〉九二、〈乾〉九五、〈蹇〉上六，凡七見。

（8）利用享祀。如〈困〉九二：「利用享祀。」僅一見。另，〈困〉

〔註3〕《子夏易傳》之考辨，詳見張心澂《僞書通考》（台北：宏業，68年）。

九五：「利用祭祀。」《釋文》：「本亦作享祀。」

（9）利用刑罰。如〈噬嗑〉：「利用獄。」〈蒙〉初六：「發蒙，利用刑人。」

（10）利去惡。如〈鼎〉初六：「鼎顛趾，利出否。」王注云：「否，謂不善之物也。」

（11）利用恆。如〈需〉初九：「利用恆。」

（12）利執言。如〈師〉六五：「利執言。」

（13）利有攸往。卦辭如〈復〉、〈大過〉、〈恆〉、〈益〉、〈夬〉、〈萃〉、〈巽〉，爻辭如〈大畜〉九三，〈无妄〉六二，凡九見。利有攸往，利有所往也。至若〈需〉、〈同人〉、〈蠱〉、〈大畜〉、〈益〉、〈渙〉、〈中孚〉、〈頤〉上九、〈未濟〉六三之「利涉大川」，亦爲利有所往也。

3. 「利」字有增他字以為言者

（一）「利」字上增他字者

（1）不利

A 不利某人

1. 不利君子。如〈否〉：「否之匪人，不利，君子貞。」

2. 不利賓。如〈姤〉九二：「包有魚，无咎。不利賓。」

B 不利某方。如〈蹇〉：「利西南，不利東北。」

C 不利某事。

1. 不利即戎。如〈夬〉：「不利即戎，利有攸往。」

2. 不利爲寇。如〈蒙〉上九：「不利爲寇，利禦寇。」

3. 不利有攸往。如〈剝〉：「不利有攸往。」〈无妄〉：「其匪正有眚，不利有攸往。」

（2）无攸利。卦辭見〈歸妹〉、〈未濟〉，爻辭見〈蒙〉六三、〈臨〉六三、〈无妄〉上九、〈頤〉六三、〈恆〉初六、〈大壯〉上六、〈萃〉六三、〈歸妹〉上六。共十見。无攸利，謂无所利也。

（3）无不利。如〈坤〉六二、〈屯〉六四、〈大有〉上九、〈謙〉六四、〈謙〉六五、〈臨〉九二、〈剝〉六五、〈大過〉九二、〈遯〉上九、〈晉〉六五、〈解〉上六、〈鼎〉上九、〈巽〉九五，共十三見。无不利即利也。

（二）「利」字下增字爲文者

（1）**利貞**。卦辭見〈乾〉、〈屯〉、〈隨〉、〈臨〉、〈无妄〉、〈革〉（上六卦乃連言「元亨利貞」者）；〈蒙〉、〈大畜〉、〈離〉、〈咸〉、〈恆〉、〈大壯〉、〈萃〉、〈漸〉、〈兌〉、〈渙〉、〈中孚〉、〈小過〉，爻辭見於〈明夷〉六五、〈損〉九二、〈鼎〉六五，共二十一見。（利貞之義詳後）

（2）**利某貞**

A 利某人貞

　1. 利君子貞。如〈同人〉：「亨，利君子貞。」

　2. 利女貞。卦辭如〈家人〉：「利女貞。」爻辭如〈觀〉六二：「闚觀，利女貞。」凡二見。

　3. 利武人貞。如〈巽〉初六：「進退，利武人之貞。」

　4. 利幽人貞。如〈歸妹〉九二：「眇能視，利幽人之貞。」

B 利某事貞

　1. 利居貞。如〈屯〉初九：「磐桓，利居貞。」〈隨〉六三：「隨有求得，利居貞。」另，〈頤〉六五：「拂頤，居貞吉。」〈革〉上六：「征凶，居貞吉。」亦同此。居，居處也。

　2. 利艱貞。卦辭見〈明夷〉，爻辭見〈大畜〉九三，〈噬嗑〉九四。凡三見。艱，難也。

　3. 利永貞。如〈坤〉用六：「利永貞。」〈艮〉初六：「艮其趾，无咎。利永貞。」又〈賁〉九三、〈益〉六二並云：「永貞吉。」〈小過〉九四云：「勿用永貞」亦可繫於此。

　4. 利于不息之貞：如〈升〉上六：「冥升，利于不息之貞。」

C 利某物貞

　1. 利牝馬之貞。如〈坤〉：「元亨，利牝馬之貞。」僅一見。

　　從以上所詳析之「利」字用法，不論是言利某或不利某，其利字爲利益之利絕無疑。又由經文中言「利」之形式，可知在卦、爻辭階段，《周易》尚是卜筮易，卦下所繫之辭，乃指示卜筮者如何行事自處之語。而利字純是利害之利，本無所謂「義之和」也。

（丁）釋　貞

　　《周易》經文中之「貞」字，高亨以爲即「貞卜」之「貞」，其義是「占

問」。蒙文則據屈翼鵬先生之說，以爲「貞」當訓爲「守其素常而不變」，而據此駁正高亨之說。然其駁正之推理過程，又與其敘「亨」義時相若。以下略引三位之說於下，高亨曰：

> 貞即貞卜之貞者，《說文》：「貞，卜問也，從卜，貝以爲贄；一曰，鼎省聲，京房所説。」金文貞作 𣆟（散盤），作 𣆟（湯鼎）……甲骨貞字最多，形與鼎相近，而不從卜，皆爲卜問之義。……用龜以卜而問事，既謂之貞，則用著以筮而問事，自可謂之貞，故《周易》貞可訓爲筮問，以常用之詞釋之，即占問也。其曰「貞吉」者，謂其占吉也；其曰「貞凶者」，謂其占凶也；其曰「貞吝」者，謂其占難也；其曰「貞厲」者，謂其占危也；其曰「可貞」或「不可貞」者，謂其所占問之事可行或不可行也；其曰「貞某事或某事貞」者，謂占問某事也；其曰「利貞」者，謂其占乃利占也；其曰「利某貞」者，謂其占利某占也。此乃《周易》貞字之初義也。（《周易古經通說》，頁 89）

高亨此解，乃站在《周易》本卜筮之用之立場，以「占問」訓「貞」，只是從卜筮占問某事即記之言，並不說明主持卜筮者之指示也。

　　至於屈萬里先生，亦不以〈彖〉、〈象傳〉以「正」訓「貞」爲是，然亦不贊同高亨之說解。〈彖〉、〈象傳〉中明以「正」訓「貞」者，如〈師・象傳〉：「貞，正也。」〈同人・象傳〉釋卦辭「利君子貞」爲「君子正也」。〈頤卦・象傳〉釋卦辭「貞吉」爲「養正則吉也」。又〈臨〉、〈无妄〉、〈革〉卦〈象傳〉釋其卦辭「大亨利貞」並爲「大亨以正」。〈象傳〉中，如〈隨〉初九「貞吉」，其〈象傳〉曰：「從正，吉也」。〈巽〉上九「貞凶」，其〈象傳〉曰：「正乎凶也」。另，〈噬嗑〉六五「貞厲」，《周易集解》引虞翻曰：「貞，正」。〈繫辭下傳〉：「吉凶者，貞勝者也。」（第一章）王弼注曰：「貞者，正也。」〈蒙〉卦辭「利貞」，孔疏：「貞，正也」。〈損〉上九「貞吉」，王弼注曰：「用正而吉」。〈履〉九二，「幽人貞吉」，孔疏：「幽隱之人，守正得吉」。〈遯〉九五「貞吉」，孔疏：「得正之吉」。諸如此類，並是以正訓貞。然屈萬里先生則以爲訓貞爲正無法解釋如「貞凶」、「貞厲」、「小貞吉，大貞凶」、「可貞」、「不可貞」等字句，以爲「寧有守正者而凶厲，而乃教人以不可正耶？」〔註4〕

〔註4〕屈先生之說見其《書傭論學集》（台北：開明，67年），〈說易散稿〉，頁30。
　　　關於〈彖〉、〈象傳〉中以正訓貞而有「正乎凶也」之意，或不必合於卦爻辭

　　若不以正訓貞，然以「占問」訓「貞」可乎？屈萬里先生又曰：「蓋以卜訓貞，非惟利艱貞、利永貞、利牝馬之貞、利于不息之貞等辭，不易索解；即元亨利貞等最習見之語，亦覺未能圓融。」（《書傭論學集》，頁 30）然則「貞」當何解？屈萬里先生以爲「今歸納全《易》貞字，詳審其義，實皆可以『守其素常而不變』一義解之也。」（《書傭論學集》，頁 30）

　　若從屈先生之說，則如〈師〉卦辭之「貞，丈人吉」〈困〉卦辭之「貞，大人吉」之「貞」，乃守其素常而不變則丈人吉、大人吉。又如〈豫〉六五之「貞，疾恒不死」，爲守其素常雖病恆不至於死。〈屯〉六二之「女子貞不字」，爲女子守其素常（即不移其志）遂不嫁人。〈明夷〉九三之「明夷于南狩，得其大首，不可疾，貞」者，言南狩可以得志，惟不宜操之過急，而當守其常操（謂南狩之人應忠貞不移）也。〈旅〉六二之「得童僕，貞」，乃所得之童僕，能固守常操也。

　　如「貞吉」者，乃守其素常不變則吉，《易》中「貞吉」共三十一見：〈坤〉、〈需〉、〈頤〉、〈蹇〉、〈旅〉等五卦卦辭；〈屯〉九五，〈需〉九五，〈訟〉九四，〈比〉六二，〈履〉九二，〈否〉初六，〈謙〉六二，〈豫〉六二，〈隨〉初九，〈臨〉初九，〈咸〉九四，〈遯〉九五，〈大壯〉九二、九四，〈晉〉初六、六二，〈家人〉六二，〈解〉九二，〈損〉上九，〈姤〉初六，〈升〉六五，〈巽〉九五，〈未濟〉九二、九四、六五等文辭。

　　言「貞凶」者如：〈屯〉九五，〈師〉六五，〈隨〉九四，〈剝〉初六、六二，〈頤〉六三，〈恒〉初六，〈巽〉上九，〈節〉上六，〈中孚〉上九，共十見。

　　言「貞厲」者如：〈訟〉六三，〈小畜〉上九，〈復〉九五，〈噬嗑〉六五，〈大壯〉九三，〈晉〉九四，〈革〉九三，〈旅〉九三，共八見。

　　言「貞吝」者如：〈泰〉上六，〈恒〉九三，〈晉〉上九，〈解〉六三，共四見。凡此皆謂若守其素常而不變則凶、則厲、則吝也。

　　言「利貞」者如：〈乾〉、〈屯〉、〈蒙〉、〈臨〉、〈无妄〉、〈大畜〉、〈離〉、〈咸〉、〈恆〉、〈遯〉、〈大壯〉、〈萃〉、〈革〉、〈漸〉、〈兌〉、〈渙〉、〈中孚〉、〈小過〉、〈既濟〉諸卦卦辭；及〈明夷〉六五、〈損〉九二、〈鼎〉六五諸爻爻辭，其

中「貞」字本意，然亦未必不可解爲「守正者而凶厲」（屈先生語）。如勞思光先生即曾以「理分實現之衝突」解釋「正」而「凶」，謂：「蓋所謂『正』即指『理分』一面而言。若一人誠心求理分之實現，此即可謂『正』，但在『理分實現之衝突』顯出時，此一求實現理分之人終必將放棄一部份理分而不能求其實現，此即所謂雖『正』亦仍『凶』矣。」（《中國哲學史》，卷二，頁 100）。

意是指利於守常而不移也。

另外，〈坤卦〉卦辭之「利牝馬之貞」者，謂當以牝馬之柔順為常態乃利也。〈同人〉卦辭之「利君子貞」，〈家人〉卦辭，〈觀〉六二爻辭之「利女貞」，〈歸妹〉九二「利幽人之貞」，〈巽〉初六之「利武人之貞」。謂如君子、女子、幽人、武人等之常態素性乃得利也。

〈明夷〉卦辭、〈噬嗑〉九四、〈大畜〉九三之「利艱貞」，則謂利於遇艱苦之事而能守其常。

〈屯〉初六，〈隨〉六三之「利居貞」，〈頤〉六五、〈革〉上六之「居貞吉」者，與「有攸往」適反，此謂居家不出行而能守其素常則得利得吉也，如《尚書・洪範》之「汝則從、龜從、筮從、卿士從、庶民逆、作內吉、作外凶。」（孔傳云：「可以祭祀冠昏，不可以出師征伐。」）與「龜筮共違于人，用靜吉，用作凶。」（孔傳云：「安以守常則吉，動則凶。」）

另，〈坤〉用六、〈艮〉初九之「利永貞」者，謂利於永守其常態也。〈賁〉九三，〈益〉六二之「永貞吉」者，意謂永守其素常乃吉也。〈比卦〉卦辭之「元永貞，无咎」，〈萃〉九五之「元永貞，悔亡」，者，元當如〈屯〉九五「大貞凶」之大，謂遇大事而永守其常則无咎則悔亡也。而〈升〉上六「利于不息之貞，」即利永貞也。另，〈損〉卦辭、〈坤〉六三、〈无妄〉九四之「可貞」，意謂可以守其常者。而〈節〉卦卦辭、〈蠱〉九二之「不可貞」者，即守其常而不宜也。另，〈否卦〉卦辭之「不利君子貞」者，則指不利於君子守其素常而當有所權變也。〈小過〉九四之「勿用永貞」者，是不宜永守其常也。是以「守其素常而不變」解「貞」似可通貫全《易》。屈萬里先生謂：

> 「守常不變」之義，或指操守言，或指一時之營謀言，而其為不改常態則一也。蓋人將有所動作（即是否變其常態）而不知動靜之吉凶，乃求之於卜筮；於是《易》辭乃以貞吉、貞凶、貞厲、貞吝、利貞、利永貞、……等辭告之。言貞（守其素常而不變動）之吉凶，則動（變其素常）之吉凶，不言可知。故《易》卦爻辭中用貞字最多，而貞字又必當以「守常不變」之義解之也。（《書傭論學集》，頁32）

由此可知，屈萬里與高亨二人，訓「貞」字字義雖不同，然皆謹守《易》本卜筮之用之立場。唯高亨不以「貞」字有指示具體行為、操守之意，而屈先生則視卦爻辭之「貞」字，乃卜筮者告人當如何之指示詞。屈先生此訓解，於古籍中似亦有佐證。如《國語・晉語二》：

二十六年，獻公卒。里克將殺奚齊，先告荀息曰：「三公子之徒將殺
孺子，子將如何？」荀息曰：「死吾君而殺其孤，吾有死而已，吾蔑
從之矣！」里克曰：「子死，孺子立，不亦可乎？子死，孺子廢，焉
用死？」荀息曰：「昔君問『臣事君』於我，我對以忠貞。君曰：『何
謂也？』我對曰：『可以利公室，力有所能，無不爲，忠也。葬死者，
養生者，死人復生不悔，生人不愧，貞也。』吾言既往矣，豈能欲
行吾言而又愛吾身乎？雖死，焉避之？」

文中荀息之言行，可謂貞矣，而其貞德乃指固守其素常而不變矣，是造次顛
沛不改矣，亦是捨身就義矣。但如此之貞，却與《易》卦爻辭教人驅利避害
之本質相悖，則卦爻辭之貞不必同於荀息之貞。又《國語·晉語三》：

惠公即位，出共世子而改葬之，臭達於外。國人誦之曰：「貞之無報
也。孰是人斯，而有是臭也？貞爲不聽，信爲不誠。國斯無刑，偷
君倖生（韋注：言惠公偷竊居位，徼倖而生），不更厥貞，大命其傾。
（韋注：不變更其正，大命將傾。）

是共世子中生之死，死於其守貞也，亦即死於其固守素常而不變也。吾人皆知，
《易》書初爲卜筮之書，六十四卦卦爻辭所言者，初不過人之行路、履霜、入
林、涉川、從禽、乘馬、求婚媾、從王事、遇寇、師師等一般生活之事。其中
言進退往來吉凶悔吝，亦不過指人從此類事中，求進退往來時之吉凶悔吝，出
於人畏害求利之心理，其用即在教人驅利避害耳。而死生亦大矣！生，人之所
欲也，死，人之所惡矣。則卦爻辭之貞豈會是教人就死哉？故卦爻辭中之貞凶、
貞厲、小貞吉、大貞凶、可貞、不可貞之云，若以守正訓貞，則《易》書教人
不可正以避凶災矣，此斷爲非。然則恐亦不可以「守其素常而不變」訓貞。

此外，吾人若僅由「守其素常」之字面言，此句並無指示具體行爲、操
守之意，則可以免去前文中守常而死之矛盾。但是，素常者，平素之行誼也，
平素好逸惡勞、躭溺酒色、殘民禍國亦可是素行也。若吾人以爲《易》書「寧
有守正者而凶厲，而乃教人以不可正耶？」（屈先生語）是《易》書當教人行
正，則所謂「守其素常」當有正面之道德操守內容。既有正面且具體之道德
操守指示，則似同於「正」矣。是則以「正」訓「貞」不宜，而以「守其素
常而不變」訓「貞」，似亦未必合於教人趨吉避害之卦爻辭之「貞」意。

又，「利艱貞」，若依屈先生之意，解爲利於遇艱苦之事而能守其常，則
當知人若遇艱苦之事不改其常，必具若荀息、申生般之貞固德性方可，如此，

又何異乎以「正」訓「貞」？此外，若「利永貞」、「永貞吉」、「利于不息之貞」之貞也釋爲守常不變，亦已是貞固德行之表現矣。是「守其素常而不變」實無異於以「正」訓「貞」也，似亦未必當於卦爻辭之貞義也。

此外，屈先生之文，以「守其素常」之義訓「貞」乃以〈象傳〉爲佐證，屈先生謂：

> 以「守其素常」之義釋《周易》卦爻辭之貞，〈象傳〉中已先言之：特未爲學者所注意耳。〈屯〉六二爻辭：「女子貞不字，十年乃字。」〈象傳〉釋之曰：「十年乃字，反常也。」是謂貞不字爲「常」也。〈歸妹〉九二：「利幽人之貞。」〈象傳〉則曰：「未變常也。」言未變幽人之素守：是亦以常釋貞也。〈恆〉六五：「恆其德，貞，婦人吉。」〈象傳〉曰：「婦人貞吉，從一而終也。」以「從一」釋貞字，則守常不變之義尤顯。蓋以操守言，則貞字爲「守一不移」之義：〈文言傳〉所謂「貞固足以幹事，」〈繫辭傳〉所謂「貞夫一」是也。（《書傭論學集》，頁30）

是於《周易‧象傳》中有以「常」訓「貞」者。然《周易》卦爻辭之時代，在於周初；而〈象傳〉之成篇年代，當在晚周或秦漢之際，〈象傳〉時代實遠在卦爻辭之後。如此，是否可以〈象傳〉之訓釋逆推於卦爻辭？此外，屈先生以爲高亨之訓「貞」爲「卜問」，無法解通如「利艱貞」、「利永貞」、「利牝馬之貞」、「利于不息之貞」等辭。今試以高亨自己之訓解觀之，則似亦未必不可。如：

（一）單言「貞」者

〈師卦〉卦辭「貞，丈人吉，无咎。」高亨注曰：

> 丈人，《集解》引崔憬曰：「《子夏傳》作大人。」李鼎祚曰：「《子夏傳》作大人，是也。」……《易》恆言大人，無言丈人者，而〈否〉九五云：「大人吉。」與此意同。〈困〉云：「貞，大人吉。」與此句同，是其證也。丈人有所占問，筮遇此卦則吉而無咎，故曰，貞，大人吉，无咎。（《周易古經今注》，頁27）

案：依高亨之訓，卦辭當改成「丈人貞，吉，无咎」。

（二）曰「貞吉」者

如〈需卦〉卦辭「需：有孚，光亨。貞吉。利涉大川。」高注曰：

> 貞吉，猶占吉也。有所占問，筮遇此卦則吉，故曰，貞吉。又筮遇

此卦，涉大川則利，故曰：利涉大川。（《周易古經今注》，頁22）

又如〈頤卦〉卦辭「頤：貞吉。觀頤自求口實。」高注曰：

筮遇此卦，舉事則吉，故曰貞吉。（《周易古經今注》，頁93）

如此之注，則似又可通，殆不必解爲「守其素常而不變乃吉」。

（三）曰「貞凶」者

如〈恆〉初六「浚恆，貞凶，无攸利。」高注曰：

浚河浚井皆宜適可而止，浚久則過深，過深則水益湧，工必敗，故曰：浚恆，貞凶，无攸利。〈象傳〉曰：「浚恆之凶，始求深也。」得其指矣。（《周易古經今注》，頁110）

案：「貞凶」，於高亨言，是卜問浚恆乃凶。高說可，屈先生之說亦可。蓋守其素常，於此可指浚河浚井不改其常法，乃凶而無所利。

（四）曰「貞厲」者

如〈訟〉之六三「食舊德，貞厲，終吉。或從王事，无成。」高注曰：

惠棟曰：「食讀如日月有食之食。」竊謂食借爲蝕。《說文》：「蝕，敗創也。」食舊德謂虧損其故日之行爲也。食舊德則危難至，危難至則知惕懼，知惕懼則可無敗。故曰：食舊德，貞厲，終吉。從王事者，夏克忠克勤，始終如一，否則將無所成，故又曰：或從王事，无成。亦承食舊德而言也。（《周易古經今注》，頁25～26）

案：高亨之意，指「貞厲」者，乃食舊德者占問之，則卜史告之曰厲，亦可通。而因食舊德已是改其素常之行，下若又言守其素常則厲，則與爻辭勸戒人不當食舊德之意相悖。

（五）曰「貞吝」者

如〈泰〉之上六「城復于隍，勿用師，自邑告命，貞吝。」高注曰：

城復于隍者，城崩而傾覆於隍中也。……勿用行師，承城復于隍而言。蓋城覆則無以守，更不可攻也。自邑告命者，由邑以城覆之事告命於君也。此疑亦古代故事。蓋邑城崩而覆於隍，自不可行師。邑人告命於君。此本患難之兆也。故曰：城復于隍，勿用行師，自邑告命，貞吝。（《周易古經今注》，頁45）

案：爻辭既已言勿用師，則下之「貞吝」，若以「守其素常而不變則吝」訓之恐亦未安。蓋城復于隍，自當勿用師。此時自以勿用師爲常又豈可謂守素常

則吝乎？若以高亨之訓視之，「貞吝」是占問城復于隍之事，卜史告之曰吝，似較符爻辭之意。

（六）曰「利貞」者

如〈臨卦〉卦辭「臨：元亨，利貞。至于八月有凶。」高注曰：

> 利貞，猶利占也。至于八月有凶，承利貞而言，謂筮遇此卦，舉事則利，但利於八閏月之內，而不利於八閏月之外，故曰：利貞，至于八月有凶。（《周易古經今注》，頁 69）

案：此處二先生之說皆可通。以屈先生之說言，指利於守常不變，而至於八月有凶，則至八月當改其素行。亦符爻辭指示人之行事之用。

（七）曰「利君子貞」者

如〈同人〉卦辭「同人于野，亨。利涉大川，利君子貞。」高注曰：

> 筮遇此卦，涉大川則利，故曰：利涉大川。君子有所占問亦利，故曰：利君子貞。（《周易古經今注》，頁 50）

案：「利君子貞」若依高說，爻辭可解爲「君子貞利」，通。若依屈先生說解，則指卜史指示「利於君子貞」。二說皆可符合問「利涉大川」事。

（八）曰「利女貞」者

如〈家人〉卦辭「家人，利女貞。」高注曰：

> 女子筮遇此卦則利，故曰：利女貞。（《周易古經今注》，頁 128）

案：高亨之說指女子卜問，遇此卦則可利。依屈先生之說，則「利女貞」成一指示詞，謂卜史指示女子當守其素常則利。二說均可。

（九）曰「利幽人之貞」者

如〈歸妹〉九二「眇能視，利幽人之貞。」高注曰：

> 眇能視者，目疾瘉也。目疾瘉者，由晦返明也。囚人脫囹圄者似之，故曰：眇能視，利幽人之貞。（《周易古經今注》，頁 187）

案：高亨此說，指幽人卜問，遇此爻則告之曰吉。即此爻乃利幽人之貞也。此說能承「眇能視」句。

（十）曰「利武人之貞」者

〈巽〉之初六「進退，利武人之貞。」高注曰：

> 武人占問行軍，筮遇此爻，則或進或退皆利，故曰：進退，利武人之貞。（《周易古經今注》，頁 200）

案：若依高說，則當解爲「進退利，武人之貞」矣。而卦爻辭中無有如此用「利」之句法（參前之釋利處）。依屈先生之說，則指不論或進或退，能守武人之常行則利。

（十一）曰「利艱貞」者

如〈明夷〉卦辭「明夷，利艱貞。」高注曰：

> 筮艱難之事者遇此卦則利。故曰，利艱貞。（《周易古經今注》，頁124）

案：高、屈二先生之說於此皆可通。依屈先生之說，利艱貞在指示遇艱苦之事時當守其素常方可有利。而高亨之訓，則遇艱事者凡筮得此卦皆可有利，未言遇艱者當如何。然參之〈明夷〉六五之「箕子之明夷，利貞。」箕子逢紂之暴虐，可謂遇艱矣，然箕子佯瘋被囚（見《史記·宋微子世家》），恐不可謂守常不變而得利，反而是不守常方得利。

（十二）曰「利永貞」者

〈坤〉卦用六「利永貞」高注曰：

> 占用長期之休咎，謂之永貞。筮遇此爻，占問長期之休咎者利，故曰：利永貞。（《周易古經今注》，頁13）

〈艮〉卦初六「艮其趾，无咎，利永貞。」高注曰：

> 艮猶顧也。艮其趾猶言顧其足也。顧其足者不敢妄行，可以無咎，故曰：艮其趾，无咎，利永貞。（《周易古經今注》，頁180）

案：以〈坤〉用六之「利永貞」言，高亨之訓亦可通。以〈艮〉初六言，依屈先生之說則永守素常者，若承上文，當是永守艮其趾不敢妄行之常則无咎。

　　以上所引之高亨說解，是爲屈先生指爲不可索解者。然細按高亨之訓解，亦未必不可也。雖然，《周易》卦爻辭中之「貞」皆「卜問」乎？或皆訓爲「守常不改」乎？又不然也。如〈恒卦〉九三：「不恆其德，或承之羞，貞吝。」已明示人當恆其德，則下之「貞吝」豈可是「守其素常而不變則吝」？是知以「守常不變」訓「貞」殆未必能通貫全《易》？又〈恆卦〉六五「恆其德，貞，婦人吉，夫子凶。」高注曰：

> 〈象傳〉曰：「婦人貞吉，從一而終也。夫子制義，從婦，凶也。」其釋甚塋。蓋婦人以從夫爲義，其道一軌，恆則吉。夫子以義制事，其道多方，恆則凶。故曰：恆其德，貞，婦人吉，夫子凶。（《周易

古經今注》，頁 111）

高亨於此，明顯地贊同〈象傳〉以「從一而終」訓「貞」，而不以「卜問」訓貞矣。是高亨謂「卜問」訓「貞」乃全《易》之通義亦有自破其例者。又如〈屯〉六二之「屯如邅如，乘馬班如，匪寇婚媾。女子貞不字，十年乃字。」之「貞」，若訓爲「守常不變」，則成女子守其素常遂不嫁人矣。如此，下又何以言「十年乃字」。而高亨謂此乃「謂筮遇此爻者，若占問女子不許嫁之事，則十年乃克許嫁也。」似較合爻辭，此因「屯如邅如，乘馬班如，匪寇婚媾」乃形容婚娶之行列，則高亨之訓解似又較合爻辭之意。

由上文之比較、說明，竊以爲高亨、屈萬里二先生之說解，若欲視爲解通卦爻辭中所有「貞」字之通義，似皆未必。故二先生之說或不必求此是彼非，而可兩存之也。

第二節 《易傳》中之「元亨利貞」字義

由前節言，知卦爻辭之「元亨利貞」字義，「元」當訓爲大，「亨」可訓爲享；「利」訓爲利益之利，「貞」訓爲卜問或守常不變。是知，若以訓解卦爻辭字義之立場言，〈乾・文言〉之四德說爲曲解卦爻辭斷無可疑。既已知此，吾人可說〈乾・文言〉四德說是《易傳》中「元亨利貞」字義之通解乎？是又不皆然也。以下，仿上節之例，依序以求《易傳》中之「元亨利貞」字義。

一、釋《易傳》之「元」

〈乾・文言〉首段訓「元」爲「善之長」，而又以「君子體仁足以長人」相對爲文，知「元」亦即「仁」也。此是四德說之「元」義。然依此推諸《易傳》其他之「元」字，又不盡然矣。以下臚列《易傳》之「元」比較之：

（一）〈乾・彖〉曰

　　大哉乾元，萬物資始，乃統天。

案：「大哉」乃對「乾元」之贊詞。謂「萬物資始」，可解爲「善之長」。則此「元」可與四德之「元」義同。

（二）〈乾・文言〉曰

　　乾元者，始而亨者也。

案：此亦可與「善之長」之「元」同義。

（三）〈坤〉六五之〈象〉曰：「黃裳元吉，文在其中也。」

案：此未釋元。然按諸《左傳》之筮例；如昭公七年傳：

> 衛襄公夫人姜氏無子，嬖人婤姶生孟縶。孔成子夢康叔謂己：「立元，
> 余使羈之孫圉與史苟相之。」史朝亦夢康叔謂己……史朝見成子，
> 告之夢，夢協。……婤姶生子，名之曰元。孟縶之足不良能行。孔
> 成子以《周易》筮之，曰：「元尚享衛國，主其社稷。」遇〈屯〉䷂。
> 又曰：「余尚立縶，尚克嘉之！」遇〈屯〉䷂之〈比〉䷇。以示
> 史朝，史朝曰：「『元亨』，又何疑焉？」成子曰：「非長之謂乎？」
> 對曰：「康叔名之，可謂長矣。……。」

是元有長義。元子即長子。又古恆用元為大義以施之於人，故有元子之稱。
如《尚書・召誥》：「有王雖小，元子哉！」則「元」亦有大義。另，昭公十
二年傳：

> 南蒯之將叛也……枚筮之，遇〈坤〉䷁之〈比〉䷇，曰：「黃裳
> 元吉」，以為大吉也。示子服惠伯曰：「即欲有事，何如？」惠伯曰：
> 「吾嘗學此矣，忠信之事則可，不然，必敗。外彊內溫，忠也；和
> 以率貞，信也。故曰：『黃裳元吉』。黃，中之色也。裳，下之飾也。
> 元，善之長也……供養三德為善，非此三者弗當。且夫易，不可以
> 占險，將何事也，且可飾乎？中美能黃，上美為元……。」

是此以「大」訓「元」，故「元吉」為「大吉」。又此時已有訓「元」為「善
之長」者，此當為〈乾・文言〉之作者所襲用。另，言「上美為元」，如同〈乾・
文言〉之「乾始能以美利利天下，不言所利，大矣哉」。

（四）〈屯卦〉卦辭「元亨利貞」，〈屯・彖傳〉曰：「……大亨貞」，是訓元
為大。

又〈履卦〉上九「視履考祥，其旋元吉。」〈象傳〉曰：「元吉在上，大
有慶也。」亦以大訓元。〈泰〉六五「帝乙歸妹，以祉元吉」，〈象傳〉曰：「以
祉元吉，中以行願也。」之「元吉」亦當是大吉也。〈訟〉九五：「訟，元吉。」
〈象傳〉曰：「訟，元吉。以中正也。」乃釋何以得元吉之故。則此元吉亦大
吉也。〈大有〉卦辭「大有，元亨」，其〈象傳〉曰：「大有……其德剛健而文
明，應乎天而時行，是以元亨。」則此元亦大也。〈離卦〉六二「黃離，元吉。」
〈象〉曰：「黃離元吉，得中道也。」是元吉，大吉也，以陰居陰爻，既得位
又居下卦之中也。〈損卦〉六五「元吉」，〈象〉曰：「六五元吉，自上佑也。」

指六五得大吉者，有上九之護佑也。〈益〉初九「利用爲大作，元吉，无咎。」〈象〉曰：「元吉无咎，下不厚事。」是所以得元吉者，以處下（指初九）能不任厚事，若〈乾〉初九謂「潛龍勿用」也。〈益〉九五「有孚惠心，勿問元吉，有孚惠我德。」〈象傳〉曰：「有孚惠心，勿問之矣，惠我德，大得志也。」是元吉，大吉也。而所以大吉者，九五乃君上之位，能孚信於下也。

　　就以上所引，知《易傳》中除〈乾・文言〉及〈乾・象傳〉可以「善之長」訓「元」外，其他皆以「大」訓「元」，且無有獨立爲一德者，只是「元吉」之「元」。

二、釋《易傳》之「亨」

　　在卦爻辭中之「亨」是「享」，在《易傳》中，則指「通」也。此「通」在〈乾・文言〉及〈乾・象傳〉中言天道之暢遂外通，在其他卦之〈彖〉、〈象傳〉中，則或言爻位相應或言君上臣下之志相應。以〈乾・象傳〉言，「乾道變化」即釋「元亨」，變化即亨也。而「雲行雨施，品物流形」即「亨」之表現。於〈乾・文言〉中，言「始而亨」之「亨」亦此意。則〈乾・文言〉中之「六爻發揮，旁通情也。」此即「元」之「亨」也。於〈坤卦・象傳〉亦言「元」，而其「含弘光大，品物咸亨」，亦「元」之「亨」也。此外，〈坤・文言傳〉之「美在其中，而暢於四支，發於事業，美之至也。」此乃言人之「仁」外發暢通而成就至美之德行與事業，即描述「仁」之「亨」也。而「仁」即「元」也。

　　在〈乾〉、〈坤〉之外，言「亨」則以爻位及心志之相應會通爲義。如：〈蒙卦〉䷃〈彖傳〉釋卦辭「亨，匪我求童蒙，童蒙求我」曰：

　　　　蒙亨，以亨行時中也。匪我求童蒙，童蒙求我，志應也。

朱子《易本義》曰：

　　　　九二以可亨之道，發人之蒙而又得其時之中，謂如下文所指之事，皆以亨行而當其可也。志應者，二剛明，五柔暗，故二不求五，五不求二，其志自相應也。

是〈蒙・彖〉以爻位言中，以心志相應交通釋亨。於〈彖〉、〈象〉中，其於爻也，凡二五稱中。蓋二居下體之中，五居上體之中。除〈蒙・彖〉外，他如：

　　〈小畜卦〉䷈「小畜。亨。密雲不雨，自我西郊。」〈彖傳〉曰：

小畜，柔得位而上下應之。曰小畜（柔得位，指六居四，陰爻居陰
位曰得位。上下應之，指九五）。健而巽，剛中而志行，乃亨。

此亦以通釋亨。又〈小畜〉六四之〈象〉曰：「有孚惕出，上合志也。」指六
四九五之志相合。亦是通義。

〈履卦〉☲「履虎尾，不咥人，亨。」〈彖傳〉曰：

履，柔履剛也。說而應乎〈乾〉，是以履虎尾，不咥人，亨。

此亦以通訓亨。以卦象言，下柔上剛，上下相應，悅而相感，故言履虎尾而
不致被傷，有亨通之現象。

〈泰〉☲卦辭「小往大來，吉亨。」〈彖〉曰：

泰，小往大來，吉亨。則是天地交，而萬物通也。上下交，而其志
同也。內陽而外陰，內健而外順，內君子而外小人。君子道長，小
人道消也。

此明顯以陰陽往來交通而暢生萬物釋亨。與前述〈乾‧彖〉及〈乾‧文言〉
之「亨」相同。

〈同人〉☲卦辭「同人于野。亨。利涉大川，利君子貞。」其〈彖傳〉
曰：

同人，柔得位而應乎乾，曰同人（柔得位，六二也，與九五相應）。
同人于野，亨，利涉大川，乾行也。文明以健，中正而應（凡陽居
五，陰居二，皆曰中正，此彖象傳之例。中正而應，指六二九五相
應）君子正也。唯君子爲能通天下之志。

此亦以相應交通訓亨。而「通天下之志」則言君子能推己及人，吉凶與民同
也，是亨有志通之義。另，〈同人‧大象傳〉曰：「天與火，同人。君子以類
族辨物。」是以卦象言，上乾是天，下離是火，天上而火亦有炎上之性，是
性可通也。君子悟此，乃以同類同性辨明物與物相通之道。

〈大有〉☲卦辭「大有。元亨。」其〈彖傳〉曰：

大有。柔得尊位（指六五），大中而上下應之（指九二），曰大有。
其德剛健而文明，應乎天而時行，是以元亨。

是亦以相應交通訓亨。文末之「元亨」，大通也。

〈謙〉☲卦辭「謙，亨。君子有終。」〈彖傳〉曰：

謙亨，天道下濟而光明，地道卑而上行。天道虧盈而益謙，地道變
盈而流謙。

此以天地之道以能謙而亨通也。

〈蠱〉▤ 卦辭「蠱，元亨。利涉大川……。」〈彖傳〉曰：

蠱，剛上而柔下（以卦體言），巽而止，蠱。蠱元亨，而天下治也……。

此文中以「天下治」承「元亨」，是「元亨」即大通也。

〈賁〉▤ 卦辭「賁，亨。小利有攸往。」〈彖傳〉曰：

賁亨，柔來而文剛（上艮是陽是剛，下離是陰是柔），故亨。分剛上
而文柔，故小利有攸往，天文也（朱子《易本義》：剛柔之交，自然
之象，故曰天文）。

此是以柔順之德文飾剛強，剛柔得暢通交會，所以有亨通暢達之象。

〈復〉▤ 卦辭「復，亨。出入无疾……。」〈彖傳〉曰：

復亨，剛反，動而以順行（下震是動，上行有〈坤〉應。〈坤〉順也，
是以出入无疾，得暢通無礙也），是以出入无疾。

〈无妄〉▤ 卦辭「无妄，元亨利貞……。」〈彖傳〉曰：

无妄，剛自外來而爲主於內（此以卦體言）。動而健，剛中而應（九
五剛中而應六二），大亨以正，天之命也……。

〈大畜〉上九「何天之衢，亨。」〈彖傳〉曰：

何天之衢，道大行也。

〈大過〉▤ 卦辭「大過，棟橈。利有攸往，亨。」〈彖傳〉曰：

剛過而中（指中間四爻皆陽剛），巽而說行，利有攸往，乃亨。

〈離〉▤ 卦辭「離，利貞，亨。畜牝牛吉。」〈彖傳〉曰：

柔麗乎中正（指六二），故亨。

〈咸〉▤ 卦辭「咸，亨，利貞。取女吉。」〈彖傳〉曰：

咸，感也。柔上而剛下（卦體上兌下艮），二氣感應以相應。止而說
（艮止上說），男下女。是以亨利貞，取女吉也。天地感而萬物化生，
聖人感人心而天下和平。觀其所感，而天地萬物之情可見矣。

案：〈咸卦・彖傳〉以相感通訓亨，並以爲天道創生及聖人感通人心之人道皆
賴相感通方可。由是可知亨義矣。

〈恆〉▤ 卦辭「恆，亨，无咎，利貞。利有攸往。」〈彖傳〉曰：

恆，久也。剛上而柔下（震剛上而巽柔下）。雷風相與，巽而動，剛
柔皆應，恆。

〈遯〉▤ 卦辭「遯，亨。小利貞。」〈彖傳〉曰：

遯亨，遯而亨也。剛當位而應，與時行也。

案：朱子《易本義》云：「九五當位，而下有六二之應。若猶可以有為，但二陰浸長於下，則其勢不可以不遯，故其占為君子能遯，則身雖退而道亨。」是「亨」即「通」也。

〈萃〉䷬之卦辭「萃，亨。王假有廟。利見大人，亨，利貞。……」〈彖傳〉曰：

> 萃，聚也；順以說（內坤為順，外兌為說），剛中而應（九五剛陽與六二相應），故聚也。

案：鄭玄云：「萃，聚也。坤為順，兌為說，臣下以順道承事其君，說德君上待之，上下相應，有事而和通，故曰萃亨也。」（《周易集解》引）

〈升〉䷭卦辭「升，元亨，用見大人，勿恤，南征吉。」〈彖傳〉曰：

> 柔以時升，巽而順，剛中而應（指九二應六五），是以大亨。用見大人，勿恤，有慶也。南征吉，志行也。

案：此〈彖〉之「大亨」即大通。亦以剛柔相應與同志言亨。

〈困〉䷮之卦辭「困，亨，貞。……。」〈彖傳〉曰：

> 困，剛揜也。險以說（下坎為險上兌為說），困而不失其所，亨。

案：此言困而能通。

〈革〉䷰之卦辭「己日乃孚。元亨利貞，悔亡。」〈彖傳〉曰：

> 革，水火相息（離火兌澤），二女同居，其志不相得，曰革。己日乃孚，革而信之。文明以說，大亨以正。

案：〈革卦〉之象，乃水火不相通也。言二女同居而志不相得，是志不通也。不通則當革之，革而後乃「大亨以正」。是「亨」即「通」也。

〈鼎〉䷱之卦辭「鼎，元吉，亨。」〈彖傳〉曰：

> 鼎，象也。以木巽火（此以卦象言，巽為木在下，離為火在上，象燃木），亨飪也。……巽而耳目聰明，柔進而上行。得中而應乎剛，是以元亨。

〈巽〉䷸卦辭「巽，小亨……」〈彖傳〉曰：

> 剛巽乎中正而志行。柔皆順乎剛，是以小亨。

〈兌〉䷹卦辭「兌，亨利貞。」〈彖傳〉曰：

> 兌，說也。剛中而柔外，說以利貞。是以順乎天而應乎人。

案：朱子《易本義》云：「一陰進乎二陽之外，喜之見乎外也（指剛中而柔外，

外卦是兌，兌，悅也）。其象爲澤，取其說萬物也，……故說而亨。」此亨當亦是通義。

〈渙〉䷺卦辭「渙，亨……」〈彖傳〉曰：

　渙亨，剛來而不窮，柔得位乎外（外巽）而上同。

〈節〉䷻卦辭「節，亨……。」〈彖傳〉曰：

　節亨，剛柔分而剛得中（指九五）……中正以通。

〈小過〉䷽卦辭「小過，亨，利貞……。」〈彖傳〉曰：

　小過，小者過而亨也。

〈既濟〉䷾之卦辭「既濟，亨小，利貞。……。」〈彖傳〉曰：

　既濟亨，小者亨也……。

〈未濟〉䷿「未濟，亨。……。」〈彖傳〉曰：

　未濟亨，柔得中也（指六五）。

　　綜論上引〈彖〉、〈象〉中明釋卦辭之「亨」者，皆以相應交通爲義。而所謂通者，於天道言，指陰陽二氣之交感往來而品物流形。於人道言，乃指上下、男女之同志交感。而又於卦爻之例言，指陰陽爻位之相應。〈乾·文言傳〉訓「亨」爲「嘉之會」，即是指天道創生，眾美會聚。下言「嘉會足以合禮」，可指人道以禮相會而通志意也。〈繫辭傳〉云：「聖人有以見天下之動，而觀其會通，以行其典禮。」（〈繫上·八〉）可爲《易傳》「亨」義之理解綱領。雖然，上之所言，乃從義理之會通言，若以字義之訓解言，〈乾·文言〉四德說之「亨」義又自別於〈彖〉、〈象〉中之「亨」義。且進一步言，〈彖〉、〈象傳〉中之「亨」，實無獨立之內容意義，而僅是〈彖〉、〈象〉以爻位、卦體之相應往來言天道陰陽之會通，與夫人與人之間心志相通之表述詞耳。

三、釋《易傳》之「利」

　　於《易傳》中，除四德說中以「義之和」訓「利」外，〈乾·彖傳〉之「保合太和，乃利貞」及〈乾·文言〉中「乾元者，始而亨者也；利貞者，性情也」。中之「利」義可相同外，其餘之言「利」者，皆不能獨立爲義，而僅有利益之利意。即如〈乾·文言〉之「乾始能以美利利天下，不言所利，大矣哉！」其中之「以美利利天下，不言所利」可謂是同於「義之和」之「利」，但於字義言，「美利利天下」之「利」仍只是利益之利。除此之外，諸如「柔

順利貞」（〈坤‧象〉），「不習无不利」（〈坤〉六二〈象傳〉），「利用恆，无咎」（〈需〉初九〈象傳〉），「有厲利己，不犯災也」（〈大畜〉初九〈象傳〉）等等，皆是利益之利，並無「義之和」之利。是〈彖〉、〈象傳〉中之利字，除〈乾卦〉外，「利」即利益之利，且不能獨立爲句，須連下文讀之。此可以〈屯卦‧象傳〉爲明證。〈屯〉之卦辭「元亨利貞，勿用有攸往，利建侯。」〈屯‧象傳〉曰：「屯，剛柔始交而難生，動乎險中，大亨貞。」於卦辭「元亨利貞」不釋「利」字。〔註5〕此以視「利」爲利益之利，言「大亨貞」，意即「大通而利於貞正」也。

由此可知，〈乾‧文言〉以「義之和」言「利」，若以字義言，僅能用諸於〈乾卦〉〈彖〉、〈象〉、〈文言〉中，不可謂他卦《易傳》中之「利」字，皆是如〈乾‧文言〉視爲一德。

當然，吾人若以〈乾‧文言〉四德說爲解《易傳》之綱領，則「義之和」之「利」可用於下列文字：

〈謙卦‧大象〉曰：「地中有山，謙。君子以裒多益寡，稱物平施。」案：此言均平，意同「保合太和」，當是「義之和」之表現。因若出於私欲，則不能有「裒多益寡」之公。

〈益卦‧象傳〉曰：「益，損上益下，民說无疆。自上下下，其道大光……。」案：「損上益下」同「裒多益寡」，亦是均平公正之「利」。

此外，〈繫辭傳〉中之「道濟天下」（〈繫上‧四〉）、「夫易何爲者也？夫易開物成務，冒天下之道，如斯而已者也。是故聖人以通天下之志（案：此亨也），以定天下之業」、「吉凶與民同患」、「備物致用，立功成器以爲天下利」（〈繫上‧十一〉），及「屈信相感而利生焉」（〈繫下‧五〉），或言天道之利天下，或言聖人法天以利天下，莫不至公之利，亦「義之和」之「利」也。是《易傳》之利，乃「舉而措之天下之民」（〈繫上‧十二〉）也。

四、釋《易傳》之「貞」

〈乾‧文言〉四德說謂「貞」德乃「事之幹」，又君子「貞」固足以幹事。

〔註5〕《周易正義》卷一孔疏云：「大亨，即元亨也。不言利者，利屬於貞，故直言大亨貞。」孔疏以爲四德說乃《易傳》中「元亨利貞」四字通義（詳本文第五章），然此處卻明言〈象傳〉之釋卦辭略去「利」字之事實，則可知此〈象傳〉中並不以「利」爲「義之和」。

自來《易》家莫不以「正」訓「貞」。朱子《易本義》云：「貞固者，知正之所在而固守之，所謂知而弗去者也。故足以爲事之幹。」（《易本義》‧卷一），即以「正」訓「貞」。以「正」訓「貞」，誠於《易傳》中有明證，如：

〈屯〉初九「磐桓，利居貞。利建侯。」〈象傳〉曰：「雖磐桓，志行正也。」

〈蒙卦〉辭「蒙，亨。……利貞。」〈象傳〉曰：「蒙以養正，聖功也。」

〈需卦〉辭「需，有孚，光亨。貞吉。利涉大川。」〈象傳〉曰：「貞吉。位乎天位，以正中也（指〈需〉之九五）。」

〈需〉九五「需于酒食。貞吉。」〈象〉曰：「酒食貞吉，以中正也。」

〈師卦〉辭「師，貞。丈人吉。无咎。」〈象傳〉曰：「師，眾也。貞，正也。能以眾正，可以王矣。」

〈比卦〉辭「原筮，元永貞，无咎。」〈象傳〉曰：「原筮，元永貞，无咎，以剛中也（指〈比〉之九五）。」

〈比〉六二「比之自內，貞吉。」〈象傳〉曰：「比之自內，不自失也。」（案：不自失，是不失己正。朱子《易本義》：「得正，則不自失矣。」）

〈履〉九二「履道坦坦，幽人貞吉。」〈象傳〉曰：「幽人貞吉，中不自亂也。」此以「中不自亂」言幽人何以得吉。《周易》經文中言幽人凡二見，除此外，又見乎〈歸妹〉九二：「眇能視，利幽人之貞。」〈象傳〉曰：「利幽人之貞，未變常也。」《周易集解》引虞翻曰：「二在坎獄中，故稱幽人。」是以「幽人」爲「幽囚之人」也。而孔疏則云：「幽人貞吉者，在幽隱之人，守正得吉。」是以「幽人」爲「幽隱之人」也。另外，〈蠱〉上九「不事王侯，高尚其事」，當是指此「中不自亂」、「未變常」之幽隱者。因所謂「中不自亂」、「未變常」之具體表現則如〈乾‧文言〉所描述之：「不易乎世，不成乎名。遯世而无悶，不見是而无悶。樂則行之，憂則違之，確乎其不可拔也。」因「遯世无悶」即「中不自亂」也；「確乎其不可拔也」即「未變常」也。另外，〈大過卦‧大象傳〉曰：「君子以獨立不懼，遯世无悶。」〈遯〉九五「嘉遯，貞吉。」〈象傳〉曰：「嘉遯貞吉，以正志也。」皆可爲「中不自亂」之表現。故所謂「幽人」，就《易傳》屢言「遯世无悶」、「獨立不懼」之特立人格視之，或解爲「幽隱之人」較當。而吾人由上引之〈象傳〉，可知《易傳》中之「貞」乃一內在之道德操守。又此操守亦是「正志」、「守正」之堅定不移情操，故朱子嘗以爲以正訓貞尚不足以充分說明何謂貞德，而必須是「正而固」方足

以說明貞德之道德堅持力量（《朱子語類》卷六十八）。

〈否卦〉辭「否之匪人，不利君子貞。大往小來。」〈彖傳〉曰：「否之匪人，不利君子貞，大往小來。則是天地不交，而萬物不通也；上下不交，而天下无邦也；內陰而外陽，內柔而外剛，內小人而外君子。小人道長，君子道消也。」此釋「不利君子貞」，意即「小人道長，君子道消」之際，君子若貞固其志而幹事，則犯小人而有禍患。此時當如〈否〉之〈大象〉云：「君子以儉德辟難，不可榮以祿。」即當權變以隱退幽居也。由此可見，貞德之表現非全直道而行，有時須因時宜而權變也。此《周易》憂患九卦之〈巽〉爲「巽以行權」（〈繫下·七〉）也。

〈同人卦〉辭「利君子貞」，〈彖傳〉曰：「中正而應（〈同人〉九五應六二），君子正也。」以「正」訓「貞」也。〈同人〉之「利君子貞」正與〈否〉之「不利君子貞」相對。

〈豫〉六二「介于石，不終日，貞吉。」〈象傳〉曰：「不終日，貞吉，以中正也。」此「中正」指〈豫〉六二乃陰居陰爻又得下卦之中。然亦可謂以「中正」訓「貞」。

〈臨卦〉辭「元亨利貞」。〈彖傳〉曰：「大亨以正，天之道也。」

〈噬嗑〉六五「貞厲，无咎。」〈象傳〉曰：「貞厲无咎，得當也。」意即遇厲之時能貞則无咎。「得當」即「正」也。

〈无妄卦〉辭「无妄，元亨利貞。其匪正有眚，不利有攸往。」〈彖傳〉曰：「剛中而應（〈无妄〉九五應六二），大亨以正，天之命也。其匪正有眚，不利有攸往。」以正訓貞，利貞者，利於正也。因「匪正有眚」也。

〈大畜卦〉辭「利貞」。〈彖傳〉曰：「大正也。」

〈頤卦〉辭「貞吉」。〈彖傳〉曰：「貞吉，養正則吉也。」

〈離卦〉辭「利貞，亨。」〈彖傳〉曰：「重明以麗乎正，乃化成天下。柔麗乎中正，故亨。」此以「中正」、「正」言「貞」，「中正」指〈離〉之六二。

〈恆卦〉辭「恆，亨，无咎。利貞。利有攸往。」〈彖傳〉曰：「恆，久也。……恆亨、无咎、利貞，久於其道也。天地之道，恆久而不已也。……聖人久於其道而天下化成。」此以「久於其道」言「貞」。蓋「天地之道，貞觀者也；日月之道，貞明者也；天下之動，貞夫一者也。」（〈繫下·一〉）。是「貞」乃守常不變之恆道也。故〈恆〉之六五「恆其德，貞。」〈象傳〉即

以「從一而終」訓「貞」也。

〈大壯卦〉辭「利貞」，〈彖傳〉曰：「大壯利貞，大者正也。正大而天地之情可見也。」

此以「正」訓「貞」。又〈恆卦‧彖傳〉亦曰：「觀其所恆，而天地萬物之情可見矣。」
可與〈乾‧文言〉之「利貞者，性情也」參著。蓋恆，正皆可是天道之性情。

〈大壯〉九二：「貞吉」〈象傳〉曰：「九二貞吉，以中也。」「中」可謂指爻位之中，亦可指德性。以持中而吉也。

〈明夷卦〉辭「利艱貞」，〈彖傳〉曰：「利艱貞，晦其明也。內難而能正其志，箕子以之。」此以「正其志」訓「貞」。孔疏云：「明夷之世，外晦其明，恐陷於邪道，故利在艱固其貞。不失其正，言所以利艱貞者，用晦其明也。內難而能正其志，箕子以之者，既釋艱貞之義，又須出能用艱貞之人。內有險難，殷祚將傾而能自正其志，不爲邪干，惟箕子能用之。」（《周易正義》，卷四）是「利艱貞」者，謂遇艱難之時當守正而不爲邪所干。

〈家人卦〉辭「利女貞」，〈彖傳〉曰：「家人，女正位乎內，男正位乎外。男女正，天地之大義也。」是以「正」訓「貞」，且言「正」之內容。

〈損〉九二：「利貞」，〈象傳〉曰：「九二利貞，中以爲志也。」是「貞」義有以正志爲中也。指人能以正志自持。

〈姤〉九五：「以杞包瓜，含章。有隕自天。」〈象傳〉曰：「九五含章，中正也。有隕自天，志不舍命也。」此當與〈坤〉六二之〈象傳〉「含章可貞。」參著。「中正」指〈姤〉之九五，亦「貞」也。「志不舍命」之「命」，同於〈乾‧象傳〉之「乾道變化，各正性命」與〈大有卦‧大象傳〉之「君子以遏惡揚善，順天休命」之「命」。「志不舍命」者，能繼之存之天所命於人之善性也，即能貞定於元也。

〈革卦〉辭之「元亨利貞」，〈彖傳〉曰：「大亨以正。」

〈漸卦〉辭「漸，女歸吉，利貞。」〈彖傳〉曰：「漸之進也，女歸吉也。進得位，往有功也。進以正，可以正邦也。其位剛得中也（〈漸〉之九五）。」此以「進以正」訓貞。謂不以正始則有亂終。

〈巽〉初六：「進退，利武人之貞。」〈象傳〉曰：「進退，志疑也。利武人之貞，志治也。」「志治」者，治志也。伊川《易傳》云：「進退不知所安者，其志疑懼也。利用武人之剛貞以立其志，則其志治也。治謂修立也。」（《易

傳》，卷六）〔註6〕此乃以治志使正言貞。

〈巽〉九五「貞吉」，〈象傳〉曰：「九五之吉，位正中也。」

〈兌卦〉辭：「兌，亨利貞。」〈彖傳〉曰：「剛中而柔外，說以利貞……。」朱子《易本義》：「兌，說也。一陰道乎二陽之上，善之見乎外也。」（《易本義》，卷二）是則「剛中而柔外」之「剛中」指〈兌〉之九五。「說以利貞」之「貞」當是九五之剛中。

〈節卦〉辭：「節，亨。苦節不可貞。」〈彖傳〉曰：「苦節不可貞，其道窮也。說以行險（案：節 ䷻ 坎上兌下，坎為險，兌為說），當位以節（當位指九五，陽居陽位也），中正以通。……」此以「其道窮」解釋何以「不可貞」，知其「貞」乃「正」也。〈節〉之上六：「苦節，貞凶，悔亡。」〈象傳〉曰：「苦節貞凶，其道窮也。」可為證。

〈既濟卦〉辭：「既濟，亨小，利貞。初吉終亂。」〈彖傳〉曰：「既濟亨，小者亨也（《易本義》：「濟下疑脫小字」）。利貞，剛柔正而位當也。初吉。柔得中也。終止則亂，其道窮也。」〈彖傳〉此釋乃句句分明，故「剛柔正而位當」乃釋「利貞」。「剛柔正而位當」，指〈既濟〉 ䷾ 六爻乃陰居陰爻陽居陽爻。此以爻位言「利貞」。若以人事言，若上下皆「剛柔正而位當」，則貞正無害也。

〈未濟〉九二：「曳其輪，貞吉。」〈象傳〉曰：「九二貞吉，中以行正也。」朱子《易本義》：「九居二，本非正（二乃陰位），以中故得正也。」此亦以爻位言「貞」。然若以人事言，人之所以「貞吉」者，乃以能行正也。

〈未濟〉九四：「貞吉悔亡……。」〈象傳〉曰：「貞吉悔亡，志行也。」此以志得行言「貞吉」。此志當是正志。

以上乃〈彖傳〉、〈象傳〉中明以「正」訓「貞」者。而所以「貞」者，或以當位言，或以居中也。若從天道言，「貞」是恆久正固之德（如〈臨〉、〈恆〉之〈彖傳〉），若以人道言，則指人之心志之正也。但雖正志卻又有當依時權變以避難，因有「不利君子貞」之時也。然即幽隱之時，仍須「中不亂」也。於《易傳》中，言「時」之處甚夥，如〈坤〉六三〈象傳〉曰：「含章可貞，以時發也。」〈巽卦・彖傳〉曰：「〈豫〉之時義大矣哉。」〈隨卦・彖傳〉：「〈隨〉

〔註6〕「志治」之意，王注、孔疏、船山《周易內傳》皆以為是武人就正於君子，伊川《易傳》則言武人自正其志，然不論是就正於人或自正其志，皆求端正心志也，而亦皆以正志言貞也。

之時義大矣哉。」〈大過卦・彖傳〉：「〈大過〉之時大矣哉。」〈坎卦・彖傳〉：
「險之時用大矣哉。」〈遯卦・彖傳〉：「〈遯〉之時義大矣哉。」〈睽卦・彖傳〉：
「〈睽〉之時用大矣哉。」〈蹇卦・彖傳〉：「〈蹇〉之時用大矣哉。」〈解卦・
彖傳〉：「〈解〉之時大矣哉。」〈損卦・彖傳〉：「損剛益柔有時，損益盈虛，
與時偕行。」〈益卦・彖傳〉：「凡益之道，與時偕行。」（〈益・大象傳〉云：
「見善則遷，有過則改」，是亦言正志之貞也）〈姤卦・彖傳〉：「〈姤〉之時義
大矣哉。」〈革卦・彖傳〉：「天地革而四時成，湯武革命，順乎天而應乎人，
〈革〉之時義大矣哉。」（案：〈革卦〉辭「元亨利貞」，其〈彖傳〉中又言「大
亨以正」。觀此可以知貞正與時之關係矣）〈旅卦・彖傳〉：「〈旅〉之時義大矣
哉。」可注意者，凡言時義之卦多險難之時，亦都有言「貞」，是〈彖〉、〈象〉
之貞當因時權變也。〔註7〕而權變又不可失正，當如〈乾・文言〉所云：「亢
之為言也，知進而不知退，知存而不知亡，知得而不知喪（此釋〈乾〉上九
「亢龍有悔」），其唯聖人乎！知進退存亡而不失其正者，其唯聖人乎！」

　　由上述可知，貞固與權變並不衝突。蓋易有三義，變易是其一。〈繫辭傳〉
有云：「易窮則變，變則通，通則久。」（〈繫下・二〉）又云：「變通者，趣時
者也。」（〈繫下・一〉）而所謂變者，就天道言，是陰陽、剛柔「一闔一闢謂
之變，往來不窮謂之通。」（〈繫上・十一〉）就人道言，即「天地變化，聖人
效之。」（〈繫上・十一〉）因效天地之變化以行事，故「君子居則觀其象而玩
其辭，動則觀其變而玩其占」（〈繫上・二〉），曰：「聖人有以見天下之動，而
觀其會通，以行其典禮」（〈繫下・八〉），曰：「聖人以通天下之志，以定天下
之業，以斷天下之疑」（〈繫上・十一〉），總之，《易傳》乃教人效天地無時不
變之道以成就可大可久富有日新之偉業。故吾人可謂變易思想亦是貞固之德
之實踐基礎，四德說之貞乃「事之幹」，而「通變之謂事」（〈繫上・五〉）也。
是則君子之用世也，固須貞正不移之德存乎內，然因時位之變易，人事之變
遷，亦須知權變，否則執一不化，難以成就外王之業矣。〈繫辭傳〉云：「〈巽〉
以行權」（〈繫下・七〉），韓康伯注曰：

　　　權反經而合道，必合乎巽順而后可以行權也。

孔疏曰：

　　　巽順以既能順時合宜，故可以權行也。若不順時制變，不可以行權也。

〔註7〕文見熊十力《原儒》（台北：明倫，民國64年），頁334。熊先生之見解，本
　　　文以「以仁定元」表之。

個人如何巽順行權又合乎道？王船山云：

> 修己治人，進退行藏，禮樂刑政，蹈常處變，情各異用，事各異趨，
> 物各異處，學《易》者，斟酌所宜，以善用其志氣，則雖天地之大，
> 而用之也專；雜卦之駁，而取之也備，此精義之學也。(《周易內
> 傳》，卷一)

是知貞固之德雖須配合權變順時，但仍須是「善用其志氣」，而此志氣乃正志
之氣也。如此，方能一方面「知進退存亡」，又能「不失其正」，也才能眞正
「貞固，足以幹事」。

綜上所述，《易傳》中言「貞」可有如下之義：

（一）就爻位言：〈彖〉、〈象傳〉中言貞指當位、居中，而爻位中正時，
皆言貞。

（二）就天道言：「貞」是恆久正固之德，如〈繫辭傳〉云：「天地之道，
貞觀者也，日月之道，貞明者也，天下之動，貞夫一者也」。(〈繫
下・一〉)，此中之「貞」即恆久正固之德。

（三）就人道言：「貞」在〈彖〉、〈象傳〉中同四德說「事之幹」義。而
「事之幹」又可析爲二義：

（1）幹事之智：指「知進退存亡」之權宜順時。

（2）正志而固守：指「不失其正」之內在道德堅持。

本節分析〈乾・文言〉首段之外之《易傳》「元亨利貞」字義，以爲若就
義言，固可以四德說貫通、訓解〈乾・文言〉首段之外之「元亨利貞」四字，
然若以字義索解言，經由本文之詳析，知〈彖〉、〈象傳〉中對「元亨利貞」
四字又各有別於四德說者。以此，若欲以四德說爲解《周易》「元亨利貞」之
通義，豈可乎？

第三節　四德說與「仁義禮智信」

一、元與仁

在本文第三章闡述四德說「以仁定元」之本體宇宙論中，已說明唯有透
過四德說之「元」方能使《易傳》義理不落入「客觀天道論」之矛盾，而能
使《易傳》義理成爲「天道性命相貫通」。如此，才能彰顯人道，使人以心盡

性，以人成天。所謂天非人不盡，性非心不顯，無人道，天道亦無以成也。如此，所謂的「天人合一」才能有工夫進路和堅實之可能性。因此，《易傳》中一些貌似客觀宇宙論之詞語，須有四德說義理點化。由此，方有所謂天人合一。此因唯有乾元由人之仁推出而有，天與人才皆同德同理。人只須克盡其仁，則與「天」合。此天人合一之學，唐君毅先生以爲即是中國哲學之宗旨：

> 中國哲學以天人合一或天人不二爲宗。其言心、言性、言情、言欲、言意、言志，皆所以言人，而恆歸原於天。其言帝、言氣、言陰陽乾坤、言無極太極、言元、言无，皆所以言天，而恆彰其用於人。至於言理、言道、言德、言行，則恆兼天道人道、天德人德、天理人理，以言天人之同道、同德、同理、而同行。〔註8〕

據此吾人可言「元」即「仁」，而「仁」即「元」也。朱子謂：「四德之元，即五常之仁」（《朱子語類》，卷六十八），伊川謂：「體仁，體元也。」（伊川《易傳》，卷一）

二、亨與禮

〈乾·文言〉謂「亨」是「嘉之會」也。此「亨」當是「元」之暢通顯發爲眾物。〈乾·文言〉又謂「亨」是「嘉會足以合禮」，此後世研《易》者以禮訓亨之據也。蓋如王船山所謂：「天道人情，凝於仁，著於禮。」（《禮記章記》，卷九）又謂：「形而上者道也，禮之本也。形而下者器也，道之撰也。」（《禮記·章記》卷十）故吾人就天道言，「元」表現爲「品物流形」是「亨」；就人道言，「美在其中，而暢於四支」（〈坤·文言〉）是「仁」之「亨」，而天道人道之「亨」皆根於「元」也。孔子嘗云：「禮云禮云，玉帛云乎哉？樂云樂云，鐘鼓云乎哉？（《論語·陽貨篇》）又云：「人而不仁，如禮何？人而不仁，如樂何？」（《論語·八佾篇》），是知禮以仁爲本，如「亨」以「元」爲本也。王船山云：

> 「嘉之會」者，四時百物，互相濟以成其美，不害不悖，寒暑相爲酬酢，靈蠢相爲事使，無不通也。……「嘉會」者，君子節喜怒哀樂而得其和，以與萬物之情相得，而文以美備合禮，事皆中節，無

〔註8〕見唐君毅《中國哲學原論·導論篇》（台北：學生，民國73年），頁500。

過不及也。(《周易內傳》，卷一)

此即以天道人情之「亨」書禮也。蓋就乾元之亨通言，《易傳》中凡言文明、品物皆是；就人由仁而禮言，禮是人與人間共循之通路，所以交通人之善意者也。故就「通」言，可以「亨」配「禮」。

三、利與義

四德說謂「利」是「義之和」，此於《易傳》甚重要。唐君毅先生云：

就此《易經》之為書，初只為卜筮之書，所言皆人之一般生活上田獵、涉川、入林等事，而初為人之自問其在此一般生活上吉凶悔咎如何，進退行止當如何而言，此實初為一最無哲學價值之書。專問吉凶禍福利害，亦正與儒家之精神，重問義不問利之精神相違者。《易傳》言「利者，義之和也」，「崇高莫大于富貴」，亦顯似與孔孟之重辨義利，孔子之言「不義而富且貴，于我如浮雲」，孟子之言大丈夫當「富貴不能淫」之言若相反者。歐陽修《易童子問》亦及此。然《易傳》釋《易經》而不諱言利與富貴，則其又別有所在。吾意此旨即在將此一原重吉凶利害之《易經》，加以一從根之轉化，而化為所重之道義之書。此亦即無異將墨法諸家所喜言之利，與當時游士所尚之富貴，從根上加以轉化，成為一「以道義為一切利與富貴之本原之書」。此轉化之所以可能，則初在《易傳》之能論一形上學上之「宇宙之生命、宇宙之精神之充實富有」之「富貴」，與「其通亨暢遂之表現」中之「利」，以涵蓋他家所言人間之「利」、與世俗所尚之「富貴」，亦即同時見道義之為一切「利」與「富貴」之本原。〔註9〕

誠哉斯言。蓋〈乾·文言〉四德說之「元」乃萬有之本源，而「元」之通亨暢遂則表現為「利」，而此「利」乃如四德說所云之「義之和」，純是一至公之道義，此是「乾始能以美利利天下，不言所利，大矣哉」之「利」德，而可以為世俗言富貴利益之形上本源。且人可因此而「觀天之神道而四時不忒，聖人以神道設教而天下服矣。」(〈觀卦·彖傳〉)唯經由乾元「義之和」之「利」，《易傳》中言「富貴」、「大位」、「利」方能有道義之本。此是「義

〔註9〕唐君毅《中國哲學原論·原道篇》(台北：學生，民國71年)，頁138～139。

之和」於《易》之經、傳之意義也。

四德說前言「利」是「義之和」，後又謂君子「利物是以和義」。此可由天道與人道說之。就天道言：「元」必以生生爲其義之表現，如〈繫辭傳〉所謂之「富有之謂大業，日新之謂盛德，生生之謂易」（〈繫上‧四〉）也。而人必己立立人己達達人，思利天下之人，使民養生送死無憾，此所以君子「利物足以和義」也。且利與義之別，利爲私利，義爲公利，非言義即不言利也。而聖人之利，當是如乾元之利天下，是「舉而措之天下之民謂之事業。」（〈繫上‧十二〉）〈繫辭傳〉之「夫易何爲者也？夫易開物成務，冒天下之道，如斯而已者也。是故聖人以通天下之志，以定天下之業，以斷天下之疑」（〈繫上‧十一〉），「夫易，聖人所以崇德而廣業也」，皆是言至公之利。而此，可總攝於「義之和」、「利物足以合義」之下，以成爲有道義根基之事業，富貴也。

今人皆知戰國風氣爲崇利棄義，如墨子即言「義，利也。」（《墨子閒詁‧經上》）孟子往見梁惠王，梁惠王首言「何以利吾國」（《孟子‧梁惠王》），至於荀、韓，更是以好利惡害爲人之本性。而《易傳》既爲晚周之作品，其「義之和」之「利」，當如唐君毅先生所言，於此崇利棄義之時代思有所轉化，故《易傳》不諱言利。此如崔東璧所云：

> 孟子先義後利之旨，深切戰國時人之病，要亦古今之通患也。三代以上，人皆尚義，逮春秋時，人漸重利，然尚有好義者，亦頗有假義者。至於戰國，非惟人不好義，即假義者亦不可得……以故列國之君，惟務戰爭以辟土地，聚斂以充府庫，其臣亦惟逢君以取富貴，其閭巷之間，亦惟事強凌弱眾暴寡以自利。此無他，皆好利之心驅之使至是也。聖人何嘗不言利？《易》曰「乾，元亨利貞」，曰「坤，元亨利牝馬之貞」，曰「利建侯」，曰「利見大人」，曰「利涉大川」者不一而足，聖人何嘗不教人以趨利避害乎？但聖人所言，義中之利，外義外之利；共有之利，非獨得之利；永遠之利，非一時之利；此其所以異也。故曰「見利思義」，曰「因民之所利利之」，曰「小人樂其樂而利其利」，此所以沒世不忘也。世之人惟利是圖，而不顧義理之是非，不但損人以利己，耗國以肥家，甚至貪一時之利，而致釀終身之害者，亦往往有之，可不謂大愚哉？（《孟子事實錄‧卷上》）

又《孔叢子》一書引子思之言曰：

> 孟軻問牧民何先？子思曰：先利子。曰：君子之所以教民亦有仁義
> 而已矣，何必曰利。子思曰：仁義固所以利之也。上不仁則下不得
> 其所，上不義則下樂爲亂也，此爲不利大矣哉！故《易》曰：「利者，
> 義之和也」又曰「利用安身以崇德也」，此皆利之大者也。（《孔叢
> 子》，卷二，雜訓第六）

由此可知，《易傳》言利須以義爲本，而得以有「可久則賢人之德，可大則賢
人之業」（〈繫上・一〉）之可大可久之「利」。因此，四德之「利」可配「義」
也。

四、貞與智、信

易家訓解四德，有以「仁義禮智」配「元亨利貞」，有以「仁義禮信」配
「元亨利貞」。前者如朱子，朱子云：

> 元者，生物之始，天地之德，莫先於此，故於時爲春，於人則爲仁，
> 而眾善之長也；亨者，生物之通，物至於此，莫不嘉美，故於時爲
> 夏，於人則爲禮，而眾美之會也；利者，生物之遂，物各得宜，不
> 相妨害，故於時爲秋，於人則爲義，而得其分之知。貞者，生物之
> 成，實理具備；隨在各足，故於時爲冬，於人則爲知，而爲眾事之
> 幹。幹，木之身，而枝葉所依以立者也。（《易本義》，卷一）

此文乃以「仁義禮智」配「元亨利貞」，又以物之始生、通暢、遂利、成實言
「元亨利貞」與「春夏秋冬」。而所以言元配仁、亨配禮、利配義、貞配智者，
朱子云：

> 以仁爲體，則无一物不在所愛之中，故足以長人。嘉其所會，則无
> 不合禮，使物各得其所利，則義无不和。貞固者，知正之所在而固
> 守之，所謂知而弗去者也，故足以爲事之幹。（《易本義》，卷一）

此當以「仁」同「元」皆「无一物不在所愛之中」，以「亨」與「禮」乃「嘉
其所會」，以「利」與「義」皆「使物各得其所利」，以「貞」與「正」皆「知
正之所在而固守之」。是「元亨利貞」與「仁義禮智」在德性表現相同故相配。
只是，細察朱子之文，前以生生之過程言「元亨利貞」，後以人之德性言「仁
義禮智」，實淆亂客觀自然界之生生現象與人道德主體之發用二本不同性質之
領域。

以「信」配「貞」者，如孔穎達《周易正義》卷一〈乾・文言・疏〉云：

> 君子之人，體包仁道，泛愛施生，足以尊長於人也。仁則善也，謂
> 行仁德，法天之「元」德也；「嘉會足以合禮」者，言君子能使萬物
> 嘉美集會，足以配合於禮，謂法天之「亨」也；「利物足以和義」者，
> 言君子利益萬物，使物各得其宜，足以合於義，法天之「利」也。「貞
> 固足以幹事」者，言君子能堅固貞正，令物得成，使事皆幹濟，此
> 法天之「貞」也。……元則仁也，亨則禮也；利則義也；貞則信也。
> 不論智者，行此四事，並須資於知。

孔氏此義乃以法天之「元亨利貞」而行「仁義禮信」，以「信」配「貞」，是
以「堅固貞正」而恆久乃信也。不言智者，是以「仁義禮信」皆因法天而有，
即須資於人之智也。

其實，不論是以「仁禮義智」（朱子）或以「仁禮義信」（孔穎達）去配
「元亨利貞」，既非如朱子之由天降命於人言，亦非如孔氏《正義》所言之
由人法天言，而是當由人之道德主體觀天之文，見乾元之創生有「善之長」、
「嘉之會」、「義之和」、及「貞固」之德性，而此四德又可與仁、義、禮、
智、信有相同之性質。如萬物之生生以有「元」，而人之諸德以有「元」。
「元」以暢通生物爲用，「仁」亦以感通行禮爲用。「元」之「利」天下乃至
公無私，而「仁」者亦求道濟天下之「利」。「元」之生生有正固不移之「貞」，
「仁」者亦有「知進退存亡而不失其正」之「貞」。而此「貞」究應解爲「智」
或「信」？竊以爲，因〈乾・文言〉僅謂「貞」乃「事之幹」、「貞固足以幹
事」，不若元與仁、亨與禮、利與義之明配對文，故後世易家乃各以其一偏
之見配之，於是凡由天道之恆久正固言者，則「貞」可言「信」，以「信」
本有正固不易之意也；凡以貞德當有知進退存亡而不失其正之意者，「貞」
可謂即「智」。

又，〈乾・文言〉四德說之「元亨利貞」可與孟子之「仁義禮智」相配
乎？朱子嘗回答此問，朱子云：

> 問：「『元亨利貞』，乾之四德：仁義禮智，人之四德。然亨卻是禮，
> 次序卻不同，何也？」曰：「此仁禮義智，猶言春夏秋冬也；仁義禮
> 智，猶言春秋夏冬也。」（《朱子語類》，卷六十八）

朱子此義殆有可說者。因就〈乾・文言〉之字面言，其次序確是仁禮義貞（可
訓爲信或智），本不可強求合於孟子仁義禮智之字面次序。且朱子以其理氣二

分及氣化宇宙論之觀點，硬將〈乾〉之四德說成次序嚴然，猶如春夏秋冬之不可易。而不知四德只是乾元創生之四種德性表現，非是元而後亨、利、貞。

朱子又謂：

> 之四種德性表現，非是元而後亨、利、貞。

朱子又謂：

> 「元亨利貞」，其發現有次序。仁義禮智，在裡面自有次序，到發現時隨感而動，卻無次序。（同上）

是不僅不知四德只是乾元創生之四種表現，本無次序可言，且不知即「仁義禮智」之存於人之內亦本無次序，只是一能感通創發德性之本心之隨機表現。因此，凡若強以〈乾〉之四德配孟子「仁義禮智」之次序者，皆不必要也。

第五章　重要易家四德說之檢討

由本文前章之討論，竊以爲：

一、就義理言，四德說乃人對宇宙創生之體用之四種德性之描述，而乾元之創生發用，不可強說成如春夏秋冬之四階段。且〈乾〉之四德實出於人之道德意識，不可說成人秉天命而效行四德。

二、就六十四卦之「元亨利貞」言，四德說只是〈乾·文言〉作者藉此四字說明價值之根源及天人合一之道，不僅不可謂卦爻辭中之「元亨利貞」是四德，在《易傳》中，〈乾·文言〉以外之「元亨利貞」之意義亦與〈乾·文言〉有別。

本章即就此二結論以檢討一些重要易學家之四德說。

第一節　重要易家之四德說與六十四卦「元亨利貞」關係

歷來易學家大率以爲《周易》六十四卦皆有四德，只是或隱或顯、或備或不全備耳。其所以如此者，蓋有下列二原因：

（一）就卦爻符號言，〈乾〉、〈坤〉之外之六十二卦皆由陰陽二卦爻所變，則〈乾〉、〈坤〉之四德亦當存於其他六十二卦。

（二）就義理言，〈乾〉、〈坤〉乃《易》之門戶，〈乾〉之四德亦當存於他卦之中。

然今既已知《周易》一書非一時一人所作，且〈乾·文言〉四德說本不當於卦爻辭「元亨利貞」之字義，則何以能用〈乾·文言〉四德說強〈解卦〉爻

辭中之「元亨利貞」？今觀卦爻辭中，「元、亨、利、貞」或具其二，或具其三，或四字皆具，或全無此四字者，如此，可以四德説解六十四卦乎？孔穎達謂：

> 〈乾卦〉象天，故以此四德皆爲天德，但陰陽合會，二象相成，皆能有德，非獨〈乾〉之一卦，是以諸卦之中亦有四德。但餘卦四德有劣於〈乾〉。故〈乾卦〉直云四德，更無所言。欲見〈乾〉之四德，无所不包，其餘卦四德之下，則更有餘事，以四德狹劣，故以餘事繫之，即〈坤卦〉之類是也（案：〈坤〉乃元亨利牝馬之貞）。亦有四德之上，即論餘事，若〈革卦〉云：「巳日乃孚，元亨利貞，悔亡」也。由「乃孚」之後，有「元亨利貞」，乃得「悔亡」也。有四德者，即〈乾〉、〈坤〉、〈屯〉、〈臨〉、〈隨〉、〈无妄〉、〈革〉七卦是也。亦有其卦非善，而有四德者，以其卦凶，故有四德乃可也。故〈隨卦〉有「元亨利貞，乃得无咎」是也。四德具者，其卦未必善也。（《周易正義》，卷一〈乾·文言·疏〉）

以下就此四德具備之七卦卦辭討論之：

> 〈乾〉：元亨，利貞。
>
> 〈坤〉：元亨，利牝馬之貞。君子有攸往，先迷，後得主，利。西南得朋，東北喪朋。安貞吉。
>
> 〈屯〉：元亨，利貞。勿用有攸往，利建侯。
>
> 〈隨〉：元亨，利貞。无咎。
>
> 〈臨〉：元亨，利貞。至于八月有凶。
>
> 〈无妄〉：元亨，利貞。其匪正有眚，不利有攸往。
>
> 〈革〉：巳日乃孚。元亨，利貞。悔亡。

不僅「元亨利貞」當讀爲「元亨、利貞」，即以〈坤〉之「利牝馬之貞」言，不論是解爲「如牝馬之常態乃貞」（屈先生之説），或解爲「筮問有關於牝馬之事，遇此卦則利」（高亨之説），其「利」字不僅不能獨立爲句，更不能視爲「義之和」之「利」德。至於其他之卦辭，由上下之他文視之，亦絕不能視爲「四德」。因之，吾人當於〈乾·文言〉四德説和六十四卦之關係有一認識，即四德説只能存於〈乾·文言〉之義理內，而不可妄推之卦爻辭，甚且不可推之於〈彖〉、〈象傳〉中。如上述七卦，除〈乾·文言〉、〈乾·彖〉視「元」爲一宇宙生生之源外，〈屯·彖傳〉言「大亨貞」，〈隨〉之〈象傳〉「大

亨貞」，〈臨卦・象傳〉云「大亨以正，天之道也」，〈无妄〉之〈象傳〉：「元亨利貞，其匪正有眚」，〈革〉之〈象傳〉「大亨以正」，於「利」皆不獨立為義，且訓「元」為「大」，與〈乾・文言〉四德說亦不同也。

　　既連備具「元亨利貞」之七卦，已不能以四德說訓解之，更何況其他具三字、二字或全無者之卦？孔穎達嘗詳析此七卦以外者為：

　　　（1）亦有三德者：即〈離〉、〈咸〉、〈萃〉、〈兌〉、〈渙〉、〈小過〉，
　　　　　　凡六卦。

　　　（2）有二德者：〈大有〉、〈蠱〉、〈漸〉、〈大畜〉、〈升〉、〈困〉、〈中
　　　　　　孚〉，凡七卦。

　　　（3）亦有一德者，若〈蒙〉、〈師〉、〈小畜〉、〈履〉、〈泰〉、〈謙〉、
　　　　　　〈噬嗑〉、〈賁〉、〈復〉、〈大過〉、〈震〉、〈豐〉、〈節〉、〈既濟〉、
　　　　　　〈未濟〉，凡十五卦。皆一德也，並是亨也。

　　　（4）其有因事相連而言德者，則不數之也。若〈需卦〉云：「需：
　　　　　　有孚，光亨，貞吉。」雖有亨、貞二德，連事起文，故不數也。
　　　　　　〈遯卦〉云：「亨，小利貞。」雖有三德，亦不數也。〈旅卦〉
　　　　　　云：「旅，小亨。旅，貞吉。」雖有亨、貞二德，亦連他事，
　　　　　　不數也。〈比卦〉云：「原筮，元永貞，无咎。」〈否卦〉云：「否
　　　　　　之匪人，不利君子貞。」雖有貞字，亦連他文言之，又非本卦
　　　　　　德，亦不數之。〈同人〉云：「同人於野，亨。」〈坎卦〉云：「有
　　　　　　孚，維心亨。」〈損卦〉云：「无咎可貞。」此等雖有一德，皆
　　　　　　連事而言之。故亦不數。所以然者，但易含萬象，事義非一，
　　　　　　隨時曲變，不可為典要也。

　　　（5）亦有全無德者，若〈豫〉、〈觀〉、〈剝〉、〈晉〉、〈蹇〉、〈解〉、
　　　　　　〈夬〉、〈姤〉、〈井〉、〈艮〉、〈歸妹〉，凡十一卦也。（《周易正
　　　　　　義》，卷一〈乾・文言・疏〉）

今就孔氏所分而言，其中亦自有矛盾，如孔氏謂連事、連他文則不言，則〈坤〉之「利牝馬之貞」亦非德矣。此外，如前所述，即以「元亨利貞」四字皆具之七卦卦辭言，已不能用〈乾・文言〉四德說去訓解，又何必因其他之卦辭有此四字中之三字、二字、一字或全無而解為三德、二德、一德，乃至无德乎？此種誤解實出於不暸解《周易》經、傳本非同一作者，當然不可能有一條理嚴然前後一貫之字義。故不可強以「依文託義」之四德說去解卦爻辭中

之「元亨利貞」。

伊川於此問題即較孔穎達明〈乾‧文言〉與他卦之異，伊川《易傳》於〈乾卦〉辭下註云：

> 唯〈乾〉、〈坤〉有此四德，在他卦則隨事而變焉。（《伊川易傳》，卷一）

於〈坤卦〉辭下又云：

> 〈坤〉，〈乾〉之對也，四德同而貞體則異。〈乾〉以剛固爲貞，〈坤〉則柔順而貞。牝馬柔順而健行，故取其象曰「牝馬之貞」。（《伊川易傳》，卷一）

是則已不言其他六十二卦有四德，然仍未能明卦辭之「元亨利貞」義不同於〈乾‧文言〉之四德也。

至朱子，以朱子明《易》本爲卜筮之用，故能區分經、傳「元亨利貞」之不同字義。朱子嘗云：

> 且如《易》之作，本只是爲卜筮。如「極數知來之謂占」，「莫大乎蓍龜」，「是興神物，以前民用」，「動則觀其變而玩其占」等語，皆見得是占筮之意。蓋古人淳質，不似後世人心機巧，事事理會得。古人遇一事理會不下，便須去占。占得〈乾〉時，「元亨」便是大亨，「利貞」便是利在於正。……聖人恐人一向只把做占筮看，便以義理說出來。「元亨利貞」，在文王之辭，只作二事，止是大亨以正，至孔子方分作四件。然若是「坤，元亨，利牝馬之貞」，不成把「利」字絕句！後云「主利」，却當如此絕句。至於他卦，却只作「大亨以正」。後人須要把〈乾〉、〈坤〉說大於他卦。畢竟在占法，却只是「大亨以正」而已。（《朱子語類》，卷六十六）。

又云：

> 八卦之畫，本爲占筮。方伏羲畫卦時，止有奇偶之畫，何嘗有許多話說！文王重卦作緐辭，周公作爻辭，亦只爲占筮設。到孔子，方始說從義理去。如「乾，元亨利貞；坤，元亨，利牝馬之貞」，與後面「元亨利貞」只一般。元亨，謂大亨也；利貞，謂利於正也。占得此卦者，則大亨而利於正耳。至孔子乃將〈乾〉、〈坤〉分作四德說，此亦自是孔子意思。伊川云：「元亨利貞，在〈乾〉、〈坤〉爲四德，在他卦只作兩事。」不知別有何證據。故學易者需將《易》各

自看，伏羲易，自作伏羲易看，是時未有一辭也；文王易，自作文
王易；周公易，自作周公易；孔子易，自作孔子易看。必欲牽合作
一意看，不得。今學者諱言《易》本爲占筮作，須要說做爲義理作。
若果爲義理作時，何不直述一件文字，如《中庸》、《大學》之書，
言義理以曉人？須得畫八卦則甚？（《朱子語類》，卷六十六）

朱子此種對《周易》符號、卦爻辭、〈易傳〉分別觀其意之態度，即使吾人不
贊成朱子對《周易》經傳作者及「大亨利正」之訓解，却不得不承認，惟有
如此之態度，才可以免去無謂之穿鑿附會，強將〈乾‧文言〉四德說去解卦
爻辭中之「元亨利貞」，而謂其中有四德、三德、二德、一德、乃至全无德。
今觀諸朱子之《易本義》，唯於〈乾〉、〈坤〉二卦之〈象傳〉、〈文言〉下言四
德，而於卦爻辭下之「元亨利貞」，則不謂之德，只訓之爲「大亨利正」。此
甚合今人於卦爻辭「元亨利貞」之訓解，然又不似今人以〈文言傳〉之四德
說不當卦辭之本義而否定四德說之價值。其態度可謂歷來解四德說中最允平
的當者，又朱子謂必將卦爻辭及《易傳》「合作一意看」是「不得」，其原因
是「今學者諱言《易》本爲占筮作」，此尤可爲善言《周易》義理者所須反復
思之，因即以明末王船山及民國熊十力言，似亦不能免去此病。下以熊十力
爲例，檢討其必強求四德說於卦爻辭「元亨利貞」之結果。熊氏謂：

〈乾〉、〈坤〉二卦，皆舉四德。在他卦，則有具舉或否者何耶？《易》
以〈乾〉爲君，坤元，亦乾元也。〈乾〉之六爻，皆乾元也，即四德
備矣。〈坤〉之六爻，其體即乾元，四德備可知。六十二卦，皆本〈乾〉、
〈坤〉，凡〈坤〉又皆本〈乾〉，則六十二卦，莫非乾元所爲，即無
不備四德。而有具舉或否者，則從修爲方面而言。故有具舉與不具
舉，其具舉者，如〈屯卦〉等。〈屯卦〉具舉〈乾〉之四德，此四德，
在物爲性，屯者，萬物資乾元而始生。物生，而資陰以成形。則形
有障性之可能。故曰：屯難也。然物皆具四德以生，則皆可以努力
進修，以顯其性，而不爲形縛。故〈屯卦〉具舉元亨利貞也。不具
舉者，如〈蒙卦〉等。〈蒙卦〉，明陰盛，而陽猶未離陰之錮（案：
蒙 ䷃ 有四陰二陽，而二居二陰之中），即性未遽顯也。〈蒙〉不言
元，而非無元，但隱而不顯耳。……心爲形役，即陽被陰錮，蒙昧
之象也。故必憤悱求通，而後可資先知先覺之啓迪。……此〈蒙〉
之所以貴亨通，而利貞也。〈蒙卦〉不具舉四德，非謂其無〈乾〉之

四德也。但從修爲而言，則始於求通，而終以利貞。此其所以舉三德而不言元也。

〈乾〉之四德，自〈乾卦〉而外，或具舉，或不具舉，各有深意，須分別求之。大底〈乾卦〉舉四德，係直顯本體，乃統十三卦而言，即萬化或萬物，無不具〈乾〉之四德，無有一卦一爻而或缺此四德者。

〈坤卦〉以下，其或具舉四德，或不具舉，則皆就修爲方面而言。如〈坤〉雖具四德，而於貞，曰：「牝馬之貞」。牝馬性順，貞正也。……〈坤〉道以順陽爲正之義。故〈坤卦〉以下，於〈乾〉四德，具舉或否，要皆就修爲方面言。學者即各卦，而深求其旨，則知所以修德矣。如〈蒙〉之亨利貞，則以〈蒙〉之自修，求通爲先，而利貞從之，故只舉三德也。又如〈比〉卦，云「元永貞」。比，助也。萬物莫不互相比助而生，但〈比〉之道，非可徒以利害相結也，必互敦乎仁，而同出於正，故舉元及貞也。貞者，正固。元，仁也。不本於仁，不出於正，而可相比助者，未之有也。故〈比卦〉以修元德、貞德爲至要。〔註1〕

熊十力謂「六十二卦皆本〈乾〉、〈坤〉」，此可由六十二卦皆由〈乾〉、〈坤〉之六陽六陰變化而有言。謂「即萬化或萬物，無不具〈乾〉之四德」，亦可證諸於〈乾・象傳〉之「大哉乾元，萬物資始，乃統天」、「乾道變化，各正性命」，〈乾・文言〉之「乾始能以美利利天下」，及〈坤・象傳〉之「至哉坤元，萬物資生，乃順承天」。然此僅是〈乾〉、〈坤〉〈象傳〉及〈文言傳〉之本體宇宙論，不可就此以解草昧初闢文明初建時之卦爻辭，而謂卦爻辭之「元亨利貞」是「乾之四德」。今即以其例言之，謂〈坤〉以下之卦之四德或舉或否，皆就修德言，然而六十四卦中即有〈豫〉、〈觀〉、〈剝〉、〈晉〉、〈解〉、〈夬〉、〈姤〉、〈井〉、〈艮〉、〈歸妹〉等十卦全無此四德，然此十卦究指示當修何德？下列此十卦之卦辭：

〈豫〉：「利建侯行師。」此謂利於建立侯王與聚眾行師，只是指示占問者之行事之辭耳，並無告其當修何德。

〈觀〉：「盥而不薦。有孚顒若。」此乃言齋戒或祭祀時雖盥而不進薦。原因是，已有孚信於人心，雖不終禮，却莊敬依然（參王注、孔疏）。若言修德，亦唯有內心莊敬一義耳。

<hr>

〔註1〕 熊十力《讀經示要》（台北：樂天，民國64年），卷三，頁64～66。

〈剝〉：「不利有攸往。」此同〈豫卦〉辭，只言占遇此卦則告之以不利有所往。無修德之事。

〈晉〉：「康侯用錫馬蕃庶，晝日三接。」此只是「安定國家之侯爵，受天子賜給良馬甚多，且於白晝之內連接召見三次。」直陳一故事，亦無修德可言。

〈解〉：「利西南，无所往，其來復吉，有攸往，夙吉。」此亦純言行事之方向與吉凶，亦無言修何德。

〈夬〉：「揚于王庭，孚號有厲，告自邑，不利即戎，利有攸往。」此亦無言修德。

〈姤〉：「女壯，勿用取女。」此戒取壯女（〈姤〉之象乃一陰遇五陽），亦無修德事。

〈井〉：「改邑不改井。无喪无得。往來井井，汔至亦未繘井，羸其瓶，凶。」此言改邑不改建其井，本無不可。但若汲水之人多，井既涸塞，則宜穿井，苟又不穿井，反以瓶無用而毀之，是無汲水之處，且無汲水之器，將有凶災。故若必言修德，則唯豫防未然之智耳。

〈艮〉：「艮其背不獲其身，行其庭不見其人，无咎。」此若言修德，亦只能言止於所當止之智。

〈歸妹〉：「征凶，无攸利。」此純言不當行師出征。

就前述之十卦卦辭言，吾人可以熊十力之說解言四德乎？今再以熊十力所舉之〈比卦〉言。〈比卦〉辭「元永貞，无咎」，可否解為修元德、貞德？屈萬里先生云：

〈比卦〉辭之「元永貞，无咎」……元蓋如〈屯〉九五「大貞凶」

之大，此字當截句，謂遇大事而永守其常則无咎，則悔亡也。[註2]
此是以卦爻辭元為大之通例解之，是也。朱子《易本義》於〈屯〉九五「屯其膏。小貞吉，大貞凶」之「小」「大」亦皆截句，並云：「占者以處小事，則守正猶可獲吉；以處大事，則雖正而不免於凶。」（《易本義》，卷一）以此例推之，〈比〉之「元永貞」之「元」非四德之「元」，實乃大小之大也，則何來修元德乎？

總之，若欲以〈乾‧文言〉四德說強按之於《周易》六十四卦之卦爻辭，總不免有鑿枘之感。反不如即〈乾‧文言〉之四德說解如何點化、改進《易

〔註 2〕屈萬里《書傭論學集》，頁33。

傳》之義理，才能見出四德說於《易傳》之意義及價值。

第二節　重要易家四德說之義理檢討

　　本文第三章言四德說之義理，以爲「元者，善之長也。……君子體仁足以長人」之文字，乃一「以仁定元」之本體宇宙之表述。因此文字乃襲自《左傳・襄公九年》穆姜語中之「元，體之長也。……體仁足以長人。」及昭公十二年魯大夫子服惠伯之言「元，善之長也」，而在〈乾・文言〉移易數字並置諸〈乾卦〉之改造下，乃成爲《易傳》「天道性命相貫通」之義理之綱領。因既言「元者，善之長」，又以「體仁足以長人」相對爲文，則其意乃「元」即「仁」而「仁」即「元」也。

　　再者，既以「善之長」爲「元」之定義，於《易傳》而言，則能使《易傳》成爲一生生不息之價值宇宙論，且能貫串〈乾〉、〈坤〉二卦〈象傳〉之「大哉乾元，萬物資始」、「至哉坤元，萬物資生。」如此，則所謂「善之長」乃指「元」之「生生」是眾善之根源。如此，再由「乾道變化，各正性命」下貫，則「元」不但成爲人善性之根據，且使宇宙之生化莫非善矣。如此，方可言「天地之大德曰生」（〈繫上・一〉）及「一陰一陽之謂道。繼之者，善也。成之者，性也」（〈繫上・五〉）

　　又，〈乾・文言〉云：「乾元者，始而亨者也；利貞者，性情也。」此文之「始」字，當即是〈乾・象〉「大哉乾元，萬物資始」之「始」，言生生之始也。文中之「亨」，義可通「六爻發揮，旁通情也」（〈乾・文言〉）之「通」，此乃因「元」之發用暢通而使品物流形也。至於「利貞」稱「性情」者，則如〈恆卦・象傳〉云：「觀其所恆，而天地萬物之情可矣」，及〈大壯〉之〈象傳〉云：「大壯，利貞。大者正也。正大而天地之情可見矣。」亦是指「元」創生萬物之性情。

　　而「元亨利貞」之所以稱爲〈乾〉之四德者，若依本文第三章闡述四德說之義理言，謂「以仁定元」乃是以價值決定存有，至是以人之道德意識安立一價值之源，視生生不息之宇宙爲善之表現。而所謂「善之長」即指創生宇宙之本體爲價值之根源；「嘉之會」則指此元之發用爲萬物有並生不相悖之表現，全宇宙呈現眾美之聚會；「義之和」，指此元之利天下純爲至公無私；「事之幹」，指此元之生生有「爲物不貳」之恆久正固表現。總之，乾元之「四德」乃出自

人之道德仁心之觀照才呈現，是因人之仁心以生生爲善，方有所謂四德。今即以此義視歷來易家之四德說，則彼等以春夏秋冬、生長遂成比擬四德，似未允當。因就〈乾・文言〉四德說之文字說，僅是言德之四德，即若視四德爲乾元創生萬物所表現之四種德行，亦未必可以自然現象之春夏秋冬、生長遂成等比擬之，因以自然現象論，春夏秋冬或物之生長遂成並無德可言。

　　以下即就上述之理解檢討王弼與朱子之四德說，此因此二人之四德說實可爲歷來易家誤解〈乾・文言〉四德說義理之代表。

一、王弼四德說

　　王弼之四德說，其弊在以「无」釋「元」。如此即不能正視《易傳》之「元」乃創生之實體，當是「有」而非「无」。〔註3〕是以前人多謂王弼乃以《老》入《易》。如陳振孫《直齋書錄解題》云：「弼好老氏，以《老》治《易》，又入玄虛。」另外，今人亦有以爲責王弼以《老》入《易》實過甚其辭，因於《周易》王弼注中稱得上以《老》治《易》處並不多，使人生玄虛之感處尤少。〔註4〕但今以王弼對「元」之理解言，實乃以老氏「天下萬物生於有，有

〔註3〕牟宗三先生以爲王弼之《易》學不能掌握《易傳》言天道生化萬物成就萬物之密義。蓋就〈乾・象傳〉言，乾元是萬物所資以爲「始」，故以「大哉」贊之。「乃統天」之「天」實即萬物之總稱。則天地之間，「雲行雨施，品物流形」，莫非乾元之所鼓舞，亦莫非能生萬物之乾元之發用。是則乾元或乾健之道即一「創造原理」，而元亨利貞乃乾道變化之終始歷程，此歷程非是空無之妄變，乃是實德成物之生化流行。詳參牟氏《才性與玄理》，頁103～108。

〔註4〕高懷民之《兩漢易學史》（中國學術著作獎助委員會，民國72年），謂以王弼《易》注「以《老》治《易》，流入玄虛」，不免過甚其辭。因爲王弼《易》注中涉及老氏思想而稱得上「以老治易」處並不多，僅有：（一）〈乾〉、〈坤〉二卦〈象傳〉下；（二）〈乾卦〉用九「見群龍无首，吉。」下；（三）〈復卦・象傳〉「復其見天地之心乎」下；（四）〈坤〉六二「直方大，不習，无不利。」句下；（五）〈頤〉初九「舍爾靈龜，觀我朵頤，凶。」下；（六）〈恒〉上六「振恒，凶。」下；（七）以「德之常」注〈井卦〉辭之「无得无喪」，以「无爲」注〈革〉上六之「居貞，吉。」等七處，而以爲此七處中眞正稱得上「以老治易，流入玄虛」的，只有〈乾〉、〈坤〉二〈象傳〉注二處；稱得上「以老治易」而不得謂之「玄虛」的，亦只有〈乾卦〉用九及〈復卦・象傳〉注二處；其餘只是文字上近似、或同於老氏，實不能以僅有四處及於老氏思想即謂王弼《易》注「以老治易」。高氏又以爲即以〈乾〉、〈坤〉二〈象傳〉注言，王弼實因年事太輕，思想未臻成熟，對此二卦深遠義理未能會出，乃不得已滑入已有之老學觀念中。又以爲研《易》本可多門，不必斤斤計較王注

生於無」(《老子‧四十章》)之思想代替實有乾元，即就此言，謂王弼以《老》入《易》亦非過甚也。

下就其四德説明王弼如何以《老》入《易》。王弼於〈乾卦〉卦辭下注曰：「〈文言〉備矣。」〔註5〕是則完全贊同〈文言傳〉之義。但是，如本文前面所言，〈乾‧文言〉所釋之「元」，義當可通貫〈乾〉、〈坤〉二卦〈彖傳〉之「元」，而王弼於〈乾卦‧彖傳〉下注曰：

> 天也者，形之名也。健也者，用形者也。夫形也者，物之累也，有天之形而能永保无虧，爲物之首，統之者，豈非至健哉？大明乎終始之道，故六位不失其時而成，升降无常，隨時而用，處則乘潛龍，出則乘飛龍，故曰：「時乘六龍」也。乘變化而御大器，靜專動直，不失大和，豈非正性命之情者邪！

案：此注謂形爲物之累，以不爲物累説乾元至健之德，即未明〈乾‧彖傳〉之「萬物資始」於「元」並不視物爲累，且是以生物爲乾元之用，所謂「乾道變化」者，即是「雲行雨施，品物流形」也。另外，所謂「各正性命」，是指由形上之「元」下貫於形下之物，使物各遂其生各得其性命之正，非是如王弼之以乾元之「靜專動直，不失太和」爲「正性命之情」，是只就乾元本身説。由此以言，王弼實未能掌握〈乾‧彖傳〉乃描述創生本體發用之本義，且喪失〈乾‧彖傳〉言天道生化萬物，成就萬物之密義。因就性命天道相貫通言，天道不能不貫於個體之性命，而性命亦不能不通於形上之天道，而元亨利貞根本就是乾道變化之終始歷程，是一實有之生化，非棄物累之虛玄空理。王弼既不解〈乾卦‧彖傳〉之「元」，則其視四德亦未必合於〈文言傳〉就生化實流以德之義理。

又王弼注〈乾‧文言〉「『乾元』者，始而亨者也，『利貞』者，性情也。」曰：

> 不爲「乾元」，何能通物之始，不性其情，何能久行其正，是故「始

是儒家義理，抑爲道家義理。(詳見《兩漢易學史》，頁312～329。) 愚意以爲，王弼注《易》是否爲「以老治易」，實不能由表現老氏思想處之多寡上爭辯，亦不能以研《易》本可多門開脱之，而當由是否把握住《易傳》天道實有創生與性命貫通，及人生態度乃積極入世上判別。

〔註5〕阮元刻十三經注疏本《周易正義》，「文言備矣」置〈乾〉「初九，潛龍勿用」下。據孫星衍《周易集解》，王弼此注應爲卦辭「乾，元亨利貞」句之注文，意爲對「元亨利貞」之意義在〈乾卦‧文言〉中有詳細闡述。

而亨者」，必「乾元」也，利而正者，必「性情」也。

案：此注以乾元必暢通發用言「始而亨」，似能掌握乾元生化萬物之義。然〈乾・文言〉之「利貞者，性情也」之「性」，並非如王注之以性動詞。此「性」當是如〈乾・象傳〉「各正性命」之「性」，指乾天下貫於個體而成就其性。而「情」字，當如〈恆卦・象傳〉言「日月得失而能久照，四時變化而能久成，聖人久於其道而天下化成。觀其所恆，而天地萬物之情可見矣」，及〈大壯卦・象傳〉之「正大而天地之情可見矣」中之「情」，亦是指乾道變化各正物之性命所表現之性情。是王弼於四德之「利貞」仍只就乾元本身言，而未能掌握天道下貫於眾物性命之義，即未能視元亨利貞爲乾道變化生成萬物且使萬物各正性命之終始歷程。由此可見王弼《易》學中之「元」只是虛懸在上之理，如《老子》所云之「無，名天地之始」（《老子・第一章》）之「無」，雖有不爲物累之德，然終非〈乾・文言〉實生萬物之「元」也。

　　就以上對王弼《易》注中形上義理之檢討，可見出王弼確實以《老》入《易》。因儒家《易傳》與道家思想最根源之差異，非在處世時之謙退、不敢爲天下先或守靜上，而是在形上本體上是一實有創生或一境界形態之虛理也。與王弼注《易》相同思想者，如韓康伯注〈繫辭傳上〉「一陰一陽之謂道」（〈繫上・五〉）云：

　　　　道者何？无之稱也。

孔疏云：

　　　　以數言之，謂之一；以體言之，謂之无；以物得開通謂之道；以微
　　　　妙不測謂之神；以應機變化，謂之易。總而言之，皆虛无之謂也。

孔氏於《周易正義・序》又云：

　　　　蓋易之三義，唯在於有。然有從无出，理則包无。

凡以此思想解易者，亦必如王弼不能得乾元之實有創生之眞諦。

二、朱子四德說

　　朱子之四德說可爲歷來研《易》者以氣化宇宙論解乾元四德之代表。朱子於《易本義》卷一云：

　　　　元是物始，於時配春，春爲發生，故下云體仁，仁則春也；亨是通
　　　　暢萬物，於時配夏，故下云合禮，禮則夏也；利爲和義，於時配秋，
　　　　秋既物成，各合其宜；貞爲事幹，於時配冬，冬既收藏，事皆幹了

也。於五行之氣，唯少土也。土則分主四季，四氣之行，非土不載，
故不言也。

案：此以春夏秋冬配元亨利貞，或取自《易‧繫辭傳》之「變通配四時」（〈繫
上‧六〉），然而一如此，則「元亨利貞」成爲氣化之四階段，而「德」將無
著落矣。再者，惻隱之端之「仁」與自然現象之春有何相同？又禮與夏，和
義之利與秋，足以幹事之貞與冬又有何關？以本文前述之義理言，乾元之「元
亨利貞」與人之「仁義禮智」之相配，是當由天道性命相貫通上說，謂元即
仁，而元之亨若仁之必藉禮以成遂暢通，元之「利」若仁之無私，元之「貞」
若仁之必守正不移，皆當就創造性言天道之元與人道之仁，而不必牽合客觀
自然之現象也。另外，即以生化萬物言四德，伊川《易傳》卷一云：

> 元者，萬物之始；亨者，萬物之長；利者，萬物之遂；貞者，萬物
> 之成。

以乾道生化萬物之始、長、遂、成言四德。此似亦未必，因乾道生化萬物，
就物之生長程序言，固可分爲始、長、遂、成四階段，但此四階段如何言「善
之長」、「嘉之會」、「義之和」、「事之幹」之四德？朱子《易本義》卷一云：

> 元者，生物之始，天地之德，莫先於此，故於時爲春，於人則爲仁，
> 而衆善之長也。亨者，生物之通，物至於成，莫不嘉美，故於時爲
> 夏，於人則爲禮，而衆美之會也。利者，生物之遂，物各得其宜，
> 不相妨害，故於時爲秋，於人則爲義，而得其分之和。貞者，生物
> 之成，實理具備，隨在各足，故於時爲冬，於人則爲智，而爲衆事
> 之幹。幹，木之身而枝葉所依以立者也。

朱子此說，實承自伊川《易傳》以乾元生物之始、長、遂、成言四德而加密
焉，然於乾元生化萬物如何即是人之仁、義、禮、智之問題仍未有充分說明，
即仍未溝通實然界之生生現象、規律與應然界之人之道德活動二領域。朱子
另有〈仁說〉一文，對此問題有較詳細之說明，是一篇探討四德說重要文字，
茲引於下：

> 天地以生物爲心者也。而人物之生，又各得夫天地之心以爲心者
> 也。故語心之德，雖其總攝貫通，無所不備。然一言以蔽之，則曰
> 仁而已矣。請試詳之。
>
> 蓋天地之心，其德有四，曰元亨利貞，而元無所不統。其運行焉，
> 則爲春夏秋冬之序，而春生之氣無所不通。故人之爲心，其德亦有

四，曰仁義禮智，而仁無所不包。其發用焉，則爲愛、恭、宜、別之情，而惻隱之心無所不貫。故論天地之心者，則曰乾元、坤元，則四德之體用不待悉數而足。論人心之妙者，則曰「仁，人心也」，則四德之體用亦不待遍舉而該。

蓋仁之爲道，乃天地生物之心，即物而在，情之未發而此體已具，情之既發而其用不窮，誠能體而存之，則眾善之源、百行之本，莫不在是。此孔門之教所以必使學者汲汲於求仁也。

其言有曰：「克己復禮爲仁」，言能克去己私，復乎天理，則此心之體無不在，而此心之用無不行也。又曰：「居處恭，執事敬，與人忠」，則亦所以存此心也。又曰：「事親孝，事兄弟，及物恕」，則亦所以行此心也。又曰：「求仁得仁」，則以讓國而逃，諫伐而餓，爲能不失乎此心也。又曰：「殺身成仁」，則以欲甚于生、惡甚於死，爲能不害乎此心也。此心何心也？在天地則怏然生物之心，在人則溫然愛人利物之心，包四德而貫四端者也。〔註6〕

〔註6〕 引自《朱文公文集》，卷六十七，雜著。本文對〈仁說〉之疏解，乃參考牟宗三《心體與性體》第三冊第四章〈中和新說後關于「仁說」之論辯〉（頁229～354），及劉述先《朱子哲學思想的發展與完成》（台北：學生，民國71年）第四章〈朱子對於仁的理解與有關仁說的論辨〉（頁139～193）。另，《朱子語類》卷一○五有一「仁說圖」，茲附之於此：

仁說圖（參看〈仁說〉，見《朱文公文集》卷六十七）

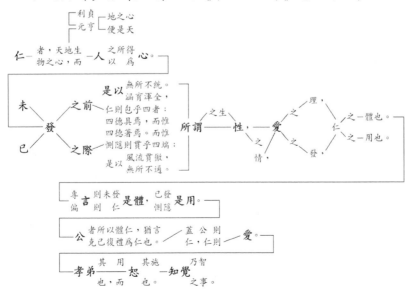

就前面所引〈仁説〉之文字言，朱子是能就乾元之生化萬物言四德，謂「元」包四德，亦是能區分形上之元與元發用後呈現之四德爲二層。又言「人物之生又各得夫天地之心以爲心」，似得〈乾・象傳〉「乾道變化，各正性命」之義，即以人之仁心乃得自天心之下貫。然〈仁説〉又謂此仁心當「體而存之」，於必要時當「殺身成仁」，則又與「怏然生物之心」矛盾矣。之所以如此者，蓋朱子之思想視人之仁心由客觀天道下貫而成，而未能明《易傳》「以仁定元」之天道性命相貫通義下，人之仁心與「於穆不已」、「純亦不已」之天命流行是就有眞實創造性之德上言合一，而天地之心實即出自人之仁心，出自能感通遍潤萬物之「溫然愛人利物之心」，如本文第三章所言，唯如此，方能充分説明人既秉受天道而有性命却又可悖天命性命而爲不善之理由。是則朱子之〈仁説〉，雖言「元」與「仁」皆以生物爲心，却以自然宇宙之生生現象説乾元四德，而不能知四德實出於人之仁心觀照賦予方有。若依朱子之詮解，則《易傳》轉而爲客觀天道論之思想矣。

　　與朱子四德説思想相同者，如宋儒王宗傳《童溪易傳》卷一云：

> 夫萬物以陽熙，以陰凝。元與亨，其德陽也；利與貞，其德陰也。絪縕以始之，草昧而已，此元也。至亨，以極其高大，則草斯文昧斯明，陽德之成也。肅殺以終之，摯斂而已，此利也。至貞，以正其性命，則摯斯息斂斯藏，陰德之成也。元而亨，出之序也；亨而利，利而貞，入之序也。出而入，入而出，循環不窮，迭爲四序，此乾所以爲天下至健也。

此亦以客觀自然宇宙之生生言四德也。他又如清儒顏習齋，假元亨利貞以言氣質非惡之心性學，以爲元亨利貞四德乃天道生物之良能，而人「得天地之中以生」，則：

> 存之爲仁、義、禮、智，謂之性者，以在內之元、亨、利、貞名之也；發之爲惻隱、羞惡、辭讓、是非，謂之情，以及物之元、亨、利、貞言之也；才者，性之爲情者也，是元、亨、利、貞之力也。謂情有惡，是謂已發之元、亨、利、貞，非未發之元、亨、利、貞也。謂才有惡，是謂蓄者元、亨、利、貞，能作者非元、亨、利、貞也；謂氣質有惡，是元、亨、利、貞之理謂之天道，元、亨、利、貞之氣不謂之天道也。噫！天下有無理之氣乎？有無氣之理乎？〔註7〕

〔註7〕 顏元以爲朱子未得孟子性善宗旨，故撰寫《存性篇》以駁朱子之説，並針對

顏元之學乃為駁正朱子氣質之性為惡之根源而發，但以其不明《易傳》乃天道性命相貫通，不明天德出乎人之仁心賦予，故雖欲正朱子之失，反而自陷朱子之誤而不自知矣。另外，清儒戴東原亦曾假元亨利貞乃乾元生生之德以說人之仁義禮智（見其《原善》卷上第四），亦是如朱子不能分別應然與實然之不同。

朱子〈仁說圖〉〔見註6〕繪有〈七性圖〉，其一，如：

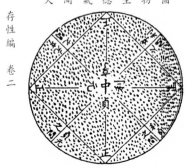

第六章　結　論

　　《周易》一書，經由今人以不盲目崇古尊聖之客觀心態研究後，已確定其爲叢書性質，知此書由各部份編纂而成，非一時一人之作。就其符號系統言，可上推至遠古先民記事之用。就其卦爻辭言，是周初之作。就其《十翼》言，當是孔門七十弟子之後儒所作，其時代，當在晚周乃至漢初，即以其中之〈乾・文言〉，亦顯非出於一人之手。因此，吾人之研《易》當採朱子「文王之易自文王易，孔子易自孔子易」之態度，而愼別卜筮易時期之卦爻辭及義理易時期之《易傳》。此爲本文研究之基本立場與原則也。

　　由上述之立場、原則以觀前人對〈乾・文言〉首段四德說之研究，則發現彼研究卦爻辭中「元亨利貞」之字義者，謂此四字本無德不德可言，由此斷定四德之說乃附會、誤解、穿鑿。此實不明四德說若從訓解卦爻辭「元亨利貞」之字義言誠誤解，然若從其「依文託義」、「別立一說」之哲理創造立場言，四德說只是假〈乾卦〉卦辭以立一「天道性命相貫通」之形上哲學，而從根點化、改造《周易》一書，使《周易》脫離卜筮之用而成爲儒家性善論及形上哲學之經典。故若只因四德說不合卦爻辭「元亨利貞」之文字本義而貶抑其價值，甚至欲去之而後快，實乃不必要也。再者，〈乾・文言〉四德說之文字，實遠有所承，而就其所承之《左傳》穆姜引語及子服惠伯釋言，彼時亦已非就卜筮之本義言「元亨利貞」，而謂此爲四德矣。故若就《周易》於先秦之發展言，〈乾・文言〉四德說之精神實亦遠有所自，豈可謂其不合卦爻辭時期之字義。

　　既已明〈乾・文言〉四德說之意義、價值，則吾人是否可以就說解《周易》義理之立場而將四德說按諸卦爻辭中之「元亨利貞」，而謂六十四卦不論

卦爻辭或象傳皆可以用四德説解之，而即此方式言，前人謂六十四卦皆有四德，或謂乾之外有三德、二德、一德或全無德，或謂唯乾坤有四德，諸説紛紜，莫衷一是。其實，就今人研討卦爻辭之「元亨利貞」之成果言，元亨當爲一句，利貞當爲一句。而其字義，元是大，亨是享祭之享，利是利益之利，貞或解爲卜問或爲「守常不變」，絕無四德説之意義。今即以「利」言，卦爻辭之「利」，或是「利涉大川」，或是「利西南」，與〈乾・文言〉以「義之和」説「利」，於意義上不啻差之千里。如此，怎可將卦爻辭之「元亨利貞」説爲四德？再者，就《易傳》言，即以六十四卦之〈彖〉、〈象傳〉言，除〈乾〉、〈坤〉二〈象傳〉外，凡言「元」亦是大義，言「利」亦只是利益之利耳，而「元亨利貞」則言「大亨以正」，其「亨」是「通」，其「貞」是「正」、「守常」，亦與〈乾・文言〉四德説不同。是故，考究卦爻辭「元亨利貞」者貶抑〈文言傳〉四德説爲誤解附會固不必，言義理者強以四德説解通六十四卦之經傳，亦爲不必也。而此卻爲歷來解易之學者常有之通弊。

本文之撰寫，即欲使考究「元亨利貞」於卦爻辭之字義者及以義理説《易》言四德者能各安其位。私以爲卦爻辭之「元亨利貞」及《易傳》中之「元亨利貞」各有其義，而所謂四德者，應當只就〈乾〉、〈坤〉〈文言傳〉及〈乾〉、〈坤〉〈象傳〉中言天道處説解，即使以〈坤〉之卦辭「元亨利貞」亦不必解爲四德，即不可因從符號系統言〈乾〉、〈坤〉外之六十二卦皆由六陰六陽變化而出，及由「乾道變化，各正性命」言萬物既由乾元出這二理由，而言《周易》六十四卦下不論經或傳皆具有四德。

再者，從義理言，本文以爲四德説之義理對於《易傳》有決定《易傳》義理性格之價值。如《易傳》中，誠有不少貌似客觀天道論之辭語，而客觀天道論卻是有無法解釋人何以能悖天道行惡之矛盾。因此，唯有透過「元者，善之長。……體仁足以長人。」這「天道性命相貫通」之義理，使四德説之「元」統攝全《易》之形上義理，才能免去客觀天道論之矛盾。亦謂《易傳》中如「乾元」、「坤元」、「乾道變化」之乾道，「一陰一陽」之謂道，皆是此「善之長」之「元」。而此「元」即「仁」，「元」之「四德」實由於人之道德心（即仁）所賦予。故所謂既已乾道變化而各正性命則人何以又會悖四德行惡之矛盾可免。

又如《周易》一書，本是卜筮之書，其中言入林、行師、涉川、從獵，只是教人趨利而避害，然經由四德説之「利者義之和」，乃使易可爲君子用，

蓋君子言「利」須是「道濟天下」之公利，即「義之和」之「利」。於是，《易傳》中之言富貴、大位、事業之詞語方可不和儒家重義利之辨之精神相矛盾。又如以「貞」而言，「貞」乃「貞固」也，亦即「正」、「志不亂」、「中不自失」之義，如此，君子之用易方能「知進退存亡而不失其正」，而不因權宜時變反成爲曲學阿世或終南捷徑之僞善。總此，故謂四德說有決定《易傳》義理性格之價值。因之，本文以爲，若欲明瞭《易傳》，莫若以四德說爲基礎、爲綱領最佳。

又，四德說由字面上言，確以「仁」配「元」，以「禮」配「亨」，以「義」配「利」，卻獨於「貞」德只言「事之幹」及「貞固是以幹事」。於是後世解《易》者於天道「元亨利貞」當配以何項人德有不同說法，如《周易集解》所引何妥之說，謂「貞，信也。」而李鼎祚即以爲當是「智」。另孔穎達以「仁禮義信」朱子以「仁禮義智」配「元亨利貞」。之所以見解不同者，除〈乾・文言〉四德說文字上無明示外，當因諸家於「貞固」之理解不同所致。蓋若就天道之四時不忒爲物不貳之正固恆久言，「貞」可爲「正」亦可爲「信」，因「信」德乃始終如一之意也。若就人之「知進退存亡而不失其正」之「知」言，「貞」可爲「正」，亦可解爲知守正之宜之「智」也。故本文以爲，「貞」配「信」或「智」皆可也。

又，「元亨利貞」是天之四德，人秉天命而有「仁」，「仁」爲諸德所出，若萬物由「元」出。「元」必暢通發用而品物流形，得嘉會之美；「仁」亦必藉「禮」以通暢發用，使人與人之情意得以交通。「元」之利天下有至公無私之義，而「仁」亦渾與萬物爲一，己立必求立人，己達必求達人，亦有至公之義。「元」之生生有恆久正固之貞德，「仁」之發用亦隨感而動，無時或歇，永存不失，雖造次顛沛亦不失正固之貞。如此，由天道生生之四種道德性與「仁」發用之四德性之相似言天德、人德之相配，是本文之異於前人直接以「仁義禮智信」配「元亨利貞」也。

總上諸義，是本文研究之結論也。所言與前人或同或異者，固「有同乎舊談者，非雷同也，勢自不可異也；有異乎前論者，非苟異也，理自不可同也。」區區之意，正取諸此也。

重要參考書目

壹、易學類

一、專　著

1. 《周易註附略例》，魏·王弼、晉·韓康伯註，臺灣商務印書館（《四部叢刊》本）。

2. 《周易註附略例》，魏·王弼、晉·韓康伯註、唐·孔穎達等疏，藝文印書館（《十三經注疏》本）。

3. 《周易集解》，唐·李鼎祚輯，成文出版社（《古經解彙函》本）。

4. 《易童子問》，宋·歐陽修撰，中華書局（《歐陽文忠全集》，《四部備要》本）。

5. 《橫渠易說》，宋·張載著，漢京文化事業公司（《通志堂經解》本）。

6. 《易傳》，宋·程頤著，學生書局（覆元至正本）。

7. 《童溪易傳》，宋·王宗傳著，漢京文化事業公司（《通志堂經解》本）。

8. 《易本義》，宋·朱熹著，成文出版社（影宋咸淳本）。

9. 《船山易學：周易內傳、周易內傳發例、周易外傳、周易大象解、周易稗疏》，明·王夫之著，廣文書局。

10. 《周易折中》，清·李光地纂，眞善美出版社。

11. 《周易述聞》，清·王引之著，漢京文化事業公司（《皇清經解》本）。

12. 《合訂刪補大易集義粹言》，清·納蘭性德編，漢京出版社（《通志堂經解》本）。

13. 《清儒經彙解》，楊家駱主編，鼎文書局。

14. 《周易集解》之補正：清孫星衍周易集解、清李道平周易集解纂疏、清姚配中周易姚氏學、民國于省吾易經新證》，楊家駱主編，鼎文書局。

15. 《胡渭惠棟之易學：清胡渭易圖明辨、清惠棟周易述、清江藩周易述補、民國李松林周易述補》，楊家駱主編，鼎文書局。

16. 《焦循之易學：清焦循易章句、易通釋、易圖略、周易補疏》，楊家駱主編，鼎文書局。

17. 《乾坤衍》，熊十力，學生書局。

18. 《體用論》，熊十力，學生書局。

19. 《先秦漢魏易例述評》，屈萬里，學生書局。

20. 《讀易三種》，屈萬里，聯經出版社。

21. 《周易古經通說》，高亨，華正書局。

22. 《周易古經今注》，高亨，洪氏出版社。

23. 《周易注釋》，尚秉和，里仁書局。

24. 《談易》，戴君仁，開明書局。

25. 《周易大綱》，吳康，商務印書館（人人文庫一四〇七）。

26. 《先秦諸子易說通考》，胡自逢，文史哲出版社。

27. 《先秦易學史》，高懷民，中國學術著作獎助委員會。

28. 《兩漢易學史》，高懷民，中國學術著作獎助委員會。

29. 《大易哲學論》，高懷民，成文出版社。

30. 《周易讀本》，黃慶萱，三民書局。

31. 《魏晉南北朝易學書考佚》，黃慶萱，幼獅文化事業公司。

32. 《周易研究論集》，林尹等，黎明文化事業公司。

33. 《周易經傳象義闡釋》，朱維煥，學生書局。

34. 《易傳道德的形上學》，范良光，商務印書館。

35. 《晦庵易學探微》，曾春海，輔仁大學出版社。

二、單篇論文

1. 〈周易「元亨利貞」析論〉，蒙銘傳，《中國學術年刊》卷二。

2. 〈高亨的「元亨利貞解」商榷〉，李周龍，《中華易學》60 期。

3. 〈卜筮之易與義理之易〉，戴君仁，《書目季刊》二卷 6 期。

4. 〈易經的義理性〉，戴君仁，《故宮圖書季刊》二卷 3 期。

5. 〈易象探原〉，高明，《孔孟學報》15 期。

6. 〈周易經傳著作問題初探〉，王開府，《孔孟月刊》十卷 10 期。

7. 〈易為君子謀分類舉例〉，朱學瓊，《孔孟月刊》十二卷 5、6 期。

8. 〈易經的生生思想〉，羅光，《哲學與文化》三卷 10 期。

9. 〈周易象傳研究〉，胡自逢，《孔孟月刊》十五卷 5 期。

10. 〈周易中的宇宙論〉，李霜青，《孔孟月刊》十五卷 7 期。

11. 〈論周易十翼〉，簡宗梧，《孔孟月刊》十五卷 7 期。

12. 〈論周易的核心思想〉，曾滄江，《哲學與文化》四卷 6 期。

13. 〈論易經中時的意義〉，高凌霞，《哲學與文化》五卷 8 期。

14. 〈易傳附經的起源問題〉，林麗，《孔孟月刊》。

15. 〈周易哲學思想〉，吳康，《孔孟學報》9 期。

16. 〈周易文言傳管窺〉，李周龍，《孔孟學報》44 期。

17. 〈周易十翼與周易本義九圖〉，李周龍，《孔孟學報》45 期。

18. 〈從比較哲學的絡索論大易道德基礎之勝義〉，郭文夫，《台大文史哲學報》32 期。

19. 〈王弼易學研究〉，簡博賢，《孔孟學報》37 期。

20. 〈周易乾坤卦義證〉，黃沛榮，《台大文史哲學報》29 期。

21. 〈易道與先秦諸子論道〉，胡自逢，《孔孟學報》28 期。

22. 〈易傳性命天道思想之析論〉，鄭力爲，《新亞書院學術年刊》12 期。

23. 〈由孔子與易之深切關係糾正先賢及古史辨諸君之誤解〉，徐芹庭，《孔孟學報》45 期。

24. 〈易經的若干形上學反省〉，項退結，《哲學與文化》7 期。

25. 《王弼易學之研究（周易略例疏證)》，侯秋東，政大中文研究所，60 年碩士碩文。

26. 《王弼及其易學》，林麗眞，台大中文研究所，62 年碩士論文。

27. 《易經乾卦研究》，趙中偉，輔大中文研究所，65 年碩士論文。

28. 〈孔穎達《周易正義》研究〉，龔鵬程，師大國研所，68 年碩士論文。

29. 《易經倫理思想研究》，黃成權，文化哲學研究所，71 年博士論文。

貳、經史子類（附小學類）

1. 《尚書正義》，漢·毛公傳、鄭玄箋、唐·孔穎達等正義，藝文印書館（《十三經注疏》本）。

2. 《書經集注》，宋·蔡沈集注，新陸書局。

3. 《禮記正義》，漢·鄭玄注、唐·孔穎達等正義，藝文印書館（《十三經注疏》本）。

4. 《周禮注疏》，漢·鄭玄注、唐·賈公彥疏，藝文印書館（《十三經注疏》本）。

5. 《四書集註》，宋·朱熹集註，世界書局。

6. 《春秋左傳正義》，晉·杜預注、唐·孔穎達等正義，藝文印書館（《十三

《經注疏》本）。

7. 《左傳會箋》，日人‧竹添光鴻會箋，鳳凰出版社。

8. 《國語》，里仁書局（新校本）。

9. 《史記》，司馬遷撰，鼎文書局（三家注本）。

10. 《漢書》，班固撰、顏師古注，中華書局（《四部備要》本）。

11. 《墨子閒詁》，世界書局。

12. 《荀子集釋》，李滌非著，學生書局。

13. 《老子釋證》，里仁書局。

14. 《孔叢子》，世界書局（新編諸子集成本）。

15. 《宋元學案》，黃宗羲撰，河洛圖書出版社。

16. 《周子全書》，宋‧周敦頤，中華書局（《四部備要》）。

17. 《張子全書》，宋‧張載，中華書局（《四部備要》）。

18. 《二程遺書》，宋‧程顥、程頤，中華書局（《四部備要》）。

19. 《晦庵先生朱文公文集》，宋‧朱熹，廣文書局（《近世漢籍叢刊》）

20. 《朱子語類》，宋‧黎靖德編，正中書局。

21. 《困學紀聞》，宋‧王應麟，中華書局（《四部備要》）。

22. 《禮記章句》，明‧王夫之，廣文書局。

23. 《四存編》，清‧顏元，世界書局。

24. 《戴震集》，清‧戴震，里仁書局。

25. 《崔東壁遺書》，清‧崔述，河洛圖書出版社。

26. 《說文解字注》，漢‧許慎著、清‧段玉裁注，學海書局。

參、通論類

1. 《四庫全書總目提要（易學類）》，清‧紀昀等，藝文印書館。

2. 《經學歷史》，皮錫瑞，河洛圖書出版社。

3. 《經學通論》，皮錫瑞，河洛圖書出版社。

4. 《讀經示要》，熊十力，洪氏出版社。

5. 《原儒》，熊十力，明倫出版社。

6. 《中國經學史的基礎》，徐復觀，學生書局。

7. 《偽書通考》，張心澂，宏業出版社。

8. 《中國古史研究》（第三冊）

9. 《古籍導說》，屈萬里，開明書局。

10. 《書傭論學集》，屈萬里，開明書局。

11. 《中國哲學史》，勞思光，香港友聯出版社。

12. 《中國哲學概論》，余雄，復文書局。

13. 《中國人性論史（先秦篇）》，徐復觀，學生書局。

14. 《中國哲學原論（導論篇）》，唐君毅，學生書局。

15. 《中國哲學原論（原性篇）》，唐君毅，學生書局。

16. 《中國哲學原論（原道篇）》，唐君毅，學生書局。

17. 《中國哲學的特質》，牟宗三，學生書局。

18. 《才性與玄理》，牟宗三，學生書局。

19. 《心體與性體》，牟宗三，學生書局。

20. 《中國哲學十九講》，牟宗三，學生書局。

21. 《中國哲學之精神及其發展》，方東美著・孫智燊譯，聯經出版社。

22. 《中西哲學思想中的天道與上帝》，李杜，聯經出版社。

23. 《天人關係論》，楊慧傑，大林出版社。

24. 《儒道天論發微》，傅佩榮，學生書局。

25. 《仁的涵義與仁的哲學》，楊慧傑，牧童出版社。

26. 《天道與人道》，黃俊傑等，聯經出版社（《中國文化新論・思想篇》二）。

27. 《儒學傳統與文化創新》，黃俊傑，東大書局。

28. 《朱子哲學思想的發展與完成》，劉述先，學生書局。

29. 《王船山哲學》，曾昭旭，遠景出版社。

30. 《道德與道德實踐》，曾昭旭，漢光出版社。

31. 〈天人相與〉，戴君仁，《孔孟學報》17 期。

32. 〈王弼何晏的經學〉，戴君仁，《孔孟學報》25 期。

33. 〈先秦諸子對天的看法〉，許倬雲，《大陸雜誌》十五卷 2 期。

34. 〈儒家性善說的理論根據〉，高懷民，《文藝復興月刊》78 期。

35. 〈中國宗教意識的若干型態——由天命至吉凶之命〉，項退結，《孔孟學報》45 期。

36. 〈原始儒家思想之因襲及創造〉，方東美，《哲學與文化》21 期。

37. 〈天神觀與道德思想〉，饒宗頤，《中研院史語所集刊》四十九本第 1 分。

38. 〈神道思想與理性主義〉，饒宗頤，《中研院史語所集刊》四十九本第 3 分。